ソーシャルネットワーク時代の自治体広報

河井孝仁 編著

ぎょうせい

発刊にあたって

　本書には、地域の現場で活躍する人々の、さまざまな広報に関わる活動が記されている。読者は自治体広報の具体的な姿を発見することができるだろう。

　先進事例ということばがある。他の自治体に比べて優れた取組を指すことばとして用いられる。

　確かに、本書の著者たちの多くは、地域の広報現場で大きな成果を上げた人々である。

　しかし、本書は先進事例集ではない。それぞれの人々が個人として、どのように、自らの取組に向かっているかを示すことばが述べられている。個人が育ててきた力、鍛えてきた力がまずあっての成果である。

　だからこそ、容易に真似ることはできない。しかし、学ぶことはできる。

　本書では、そうした具体的な広報成果を、読者それぞれの現場で応用するためのモデル化が行われている。現場で手助けになるのは個々の優れた取組そのものではない。優れた取組を基礎に、それぞれの現場で応用可能にしたモデルである。

　読者はそうしたモデルを見つけだし、自らの現場で活かすためには何が必要なのかを考えてほしい。

　読者が、まちに関わる人々を幸せにする自治体広報を、本書を用いて実現することを望んでいる。

2016年11月

河井　孝仁

目　次

発刊にあたって

第1章　自治体広報とソーシャルネットワーク ……………… 2

第2章　自治体広報とソーシャルメディア活用 ………… 16
　1　広報の本質とソーシャルメディア　／印出井　一美 … 17
　2　市民主体でまちづくりを進めるための情報共有
　　　　　　　　　　　　　　　　　／松島　隆一 …… 33

第3章　地域での子育てを応援する協働広報 ……………… 46
　1　はままつ子育てネットワークぴっぴの市民協働
　　　　　　　　　　　　　　　　　／原田　博子 …… 47
　2　アスコエパートナーズの取組「子育てタウン」
　　　　　　　　　　　　　　　　　／荒尾　順子 …… 62
　3　フリーペーパーと行政との協働広報　／植田　奈保子 … 70

第4章　共感を獲得するシティプロモーション ………… 80
　1　地域への愛情が、地域を元気にする　／大垣　弥生 …… 81
　2　共感はシティプロモーションを進めていく
　　　　　　　　　　　　　　　　　／河尻　和佳子 … 91
　3　すべてが当事者になるシティプロモーション
　　　　　　　　　　　　　　　　　／藤平　昌寿 …… 99
　4　チャレンジと応援でつながるまち　／浅賀　亜紀子 …107

5　ご当地キャラクターによる地域とのコラボレーション
　　　　　　　　　　　　　　　　　　　　／髙橋　輝子 ……114

第5章　ソーシャルネットワークが支える動画広報 … 124
　　1　「ンダモシタン小林」が参画をつくる　／鶴田　健介 ……125
　　2　日常こそ、ドラマチック　　　　　　　／齋藤　久光 ……136
　　3　動画をツールとした市民の一体感　　　／金澤　剛史 ……147

第6章　新たな可能性としての「マイ広報」……………… 162
　　1　広報紙データの活用アイデア「マイ広報紙」
　　　　　　　　　　　　　　　　　　　　／藤井　博之 ……163
　　2　PUSH型広報の可能性　　　　　　　　／吉本　明平 ……175

第7章　市民協働と自治体広報……………………………… 186
　　1　人の心を動かす広報　　　　　　　　／日吉　由香 ……187
　　2　地域をデザインする広報戦略　　　　／佐久間　智之 …198
　　3　協働が広報を育て、広報が協働を育てる
　　　　　　　　　　　　　　　　　　　　／藤本　勝也 ……211

第8章　自治体広報を分析する視座 ……………………… 222
　　1　市民協働の観点からの行政広報評価　／野口　将輝 ……223
　　2　信頼関係の構築を目的とする広報広聴
　　　　　　　　　　　　　　　　　　　　／金井　茂樹 ……231
　　3　自治体広報戦略を考える　　　　　　／秋山　和久 ……240

おわりに
執筆者紹介

第1章
自治体広報とソーシャルネットワーク

●はじめに

河井　孝仁

　ソーシャルネットワークというカタカナを、そのまま漢字に開けば、社会関係ということになるだろうか。ソーシャルということばが「社交」という意味をもつことを考えれば、ソーシャルネットワークを人間関係と考えることも可能だろう。Facebook や Twitter、さらに LINE、Instagram などのソーシャルメディアも隆盛している。それらは人間関係によって成立するメディアである。ソーシャルメディアのなかでは、あたりまえのように「友だち」ということばも使われる。私たちは、数多くの「友だち」のなかで生き、情報を伝えている。過去に、ひとりの人間がこれほどの「友だち」を持った時代があっただろうか。しかも、その「友だち」は多くの階層に分かれ、多くの領域に分かれる。

　私たちは、そういう時代に生きている。自治体広報が時代に超然として存在するはずもない。社会関係・人間関係が可視化され、重視される時代において、どのような自治体広報が求められ、実現されているのか。

　本書は社会関係・人間関係の可視化が当然となり、社会関係・人間関係が基礎になった情報伝達が当然となった時代の自治体広報とは何かを考えることを意図して編まれた。本書では、自治体広報のさまざまな現場で活躍する人々が、ソーシャルネットワーク時代の自治体広報に関わって、それぞれの経験、思い、考え方を述べている。本書を読まれる人々が、そうしたことばたちから、今という時代を見きわめ、自治体広報のありかたを考えることを期待する。

(1) 社会関係・人間関係を踏まえた自治体広報

　これまで、自治体広報は「お知らせ」のツールとして意識されてきた。情報を持っている行政が、情報を持っていない市民に、情報を伝達するという１つの関係だけが前提とされてきた。社会関係・人間関係を基礎に置く情報伝達にはさまざまなものがある。「ＡからＢへ」というものも関係の一つには違いない。しかし、「ＡからＢへ・ＢからＡへ」「ＡからＢへ、ＢからＣへ」「『ＡからＢへ・ＢからＡへ』を見ているＣからＡへ」「『ＡからＢへ、ＢからＣへ』を見ているＤからＡとＢへ」など、多種多様な変奏によって、社会関係・人間関係というスコアは書かれている。

　これまでの自治体広報には、そうした想像力が十分ではなかったと考えている。自治体広報は「ＡからＢへ」を満たせば、それで仕事は終わりと思っていたのではないか。自らの広報業務がどのような影響を情報の受け手に与え、情報を受けた人々がどのように動くのか、それによって地域はどのように変わると考えられるのか。そうした想像力が欠けたまま、目前にある仕事を「こなしてきた」ということはないだろうか。その結果、自治体広報から、社会関係・人間関係から生まれる共感や協働という思いが失われる。正確でありさえすれば、それでいい。そこには情報の受け手への想像力がない。

(2) 自治体広報の目的

　自治体広報の目的とは何か。自治体広報は３つの側面を持つ。１つは行政サービス広報であり、もう１つは政策広報であり、さいごの１つは地域広報である。この３つの側面それぞれに目的がある。

　行政サービス広報の目的は、サービスの顧客としての市民に、行政

サービスについての情報を十分に伝え、的確な活用を「促す」ことである。政策広報は、主権者としての市民に、自治体をめぐる現状認識とそれに基づく問題や課題を提起し、解決に向けた参画を「促す」ことが目的となる。地域広報では、地域のもつ多様な資源や施策を地域内外に広く知らせ、市民のプライド醸成や、域外者からの交流を「促す」。

いずれにも「促す」ということばがあることに注目して欲しい。自治体広報の目的は情報発信ではなく、行動促進であるということを示している。情報発信は行動促進のための手段にすぎない。さらに、行動促進のための手段は情報発信だけではない。これらを踏まえれば、情報発信などのアウトプットによって、効果としてのアウトカムを多段階に達成し、それらのアウトカムを組み合わせることで市民や地域外のターゲットに行動を促すことが広報であるという理解につながる。こうした多段階の組み合わせがロジックモデルという考え方になる。今、自分が行おうとしていることは、ロジックモデルのどこを実現させようとしているのかに意識的になる必要がある。

(3) ソーシャルネットワークから見た「メディア活用戦略モデル」

　ロジックモデルに基づく広報を、時系列も考えて、順に何をすればいいのかという形でモデル化したものがメディア活用戦略モデルになる。メディア活用戦略モデルは、傾聴・認知獲得・関心惹起・探索誘導・着地点整備・行動促進・情報共有支援の7つの要素によって成立する（図1-1）。

図 1-1 メディア活用戦略モデル

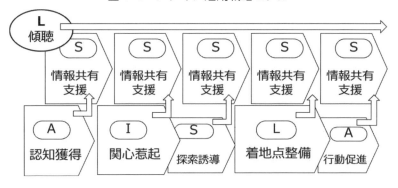

---

①準備と評価のための傾聴

　傾聴とは準備であり、評価である。

　広報という仕事は、環境に大きく左右される。市民や、ターゲットとする地域外の人々は伝えようとする情報をどの程度知っていて、どの程度動き出すつもりがあるのか。広報に使えるツールは何が強みで、何が弱みなのか。今、流行していることは何なのか。市民や、ターゲットとする地域外の人々は、自治体をどのように思っているのか。これらを知らないまま、市民や、ターゲットとなる地域外の人々の行動を促す広報という仕事はできない。

　広報に関わるフィールド、広報のターゲット、広報の主体についての情報を十分に収集することが、準備のための傾聴というフェイズを実現することになる。

　傾聴フェイズにはもう１つの意義がある。認知獲得以降のフェイズが的確に実現できているのかを確認し、それぞれに係る取組を評価する役割である。目的である行動促進を十分に実現できていないときに、認知が獲得できていない、関心を惹き起せていない、探索させることに失敗している、着地点の整備が不十分などの原因を理解しないまま、PDCA サイクルを回すことはできない。

この傾聴フェイズに、社会関係・人間関係はどのように関わるのだろうか。ここに、傾聴と広聴の違いがある。多くの場合、広聴は行政に対する声を聴くことを意味する。苦情対応や政策提案、市民の声、市長ご意見箱、いずれも、ことばを発する側から行政への一方向の情報発信に注目していることになる。しかし、社会関係・人間関係を意識しながら情報を収集しようとするときには、行政に向けての一方向の情報を取得することにはとどまらない。より多様で、より日常的な情報を得ることができる。Twitterでの発信を検索して情報を得る「ソーシャルリスニング」という考え方がある。必ずしも行政に向けてではない、社会関係・人間関係のなかでつぶやかれたことばが、いきいきとした現在を確認可能にする。

②可視化と熱量アップのための認知獲得

メディア活用戦略モデルの次のフェイズは認知獲得である。促そうとする行動に関わる情報について、詳細ではなくとも「なんとなく聞いたことがある」状況をつくるものが認知獲得になる。認知獲得には２つの意図がある。１つは可視化である。自治体広報は納税者からの資源により成立する。そうであれば、納税者に対して、行政が何を考えているかを常に見える状況を作らなくてはならない。

もう１つの意図は、熱量のアップである。「なんとなく聞いたことがある」から「なんとなく気になる」状況を作るものになる。これによって次のフェイズである関心惹起をスムーズに実現可能にすることができる。情報の受け手が「なんとなく気になる」ためには、３つの誘発要因と１つの深化要因がある。３つの誘発要因は、「差別的優位性」「トレンド便乗」「ギャップ設定」であり、深化要因は「共感形成」である。

どのような情報提起が差別的優位性、たとえば「日本初」をつくる

のかを考えるには、傾聴フェイズにおいて十分に情報を獲得しなければならない。既に行われていることを「日本初」ということはできない。

　今、流行しているものに重ねながら情報を発信することで「なんとなく気になる」ようにする、トレンド便乗のためには、社会関係・人間関係のなかでどのような会話がされているかを十分に傾聴することが求められる。絶頂に至るトレンドをいち早く把握した情報提供が認知を大きく獲得できるのであり、ピークアウトした流行に乗ったところで認知獲得の力は弱い。

　ギャップを作る、たとえば行政とは思えない奇抜な情報発信を行うことで認知を獲得しようとしても、もともと行政がどのように思われているか、どこまでが許容範囲なのかを傾聴しなければ、「奇抜」は不発になったり暴発になったりする。わざわざ、自治体に対し、行政をどう思っているかを伝える人は多くない。いたとしても偏ったサンプルになる。そのためにも社会関係・人間関係のなかで、自らがどのように言及されているかを知らなくてはならない。

　これらの３つの成立要素のいずれかをもった情報提起に、「人」の存在をしっかりと込めることで共感を形成する。共感が形成されることで、その情報への思いは深まる。人が見える、人の物語が見える、そうした情報を発信することが認知を深めさせる。「乳がん検診があります」という情報だけではなく「○○さんという女性が早期の検診により乳がんを克服した」という情報がより認知を深化させる。ソーシャルネットワークが人と人との関係であり、情報の受け手は、そのソーシャルネットワークの結び目のひとつであるという想像力を持てば、どのような情報提起が、認知を深化させるかは明らかである。

③ターゲティングにより関心を惹起し、共感により関心を高温化する

　認知獲得により「なんとなく聞いたことがある」「なんとなく気になる」状況を作った後には、「それは私の問題だ」と思わせる関心惹起フェイズが必要になる。関心惹起のために必須な発想はターゲティングである。誰の気持ちを動かすのかを考えない情報発信は広報ではない。単なる自己満足である。

　退職後に山歩きの趣味を始めた65歳以上の男性と、子育てをしながら働いている30歳代の女性が同じ場所で情報に出合い、同じ内容の情報に関心を持つはずはない。

　「誰」を考えるときにはペルソナ設定という考え方が有効になる。行動を促したいターゲットを具体的な人物像にしたものがペルソナになる。ペルソナは30歳代の子育てをしている女性という漠然としたターゲットではない。ターゲット層で存在する可能性が高い人物を具体的に設定する。ここでも傾聴は重要になる。ターゲット層にどのような人物がいるのかを確認したうえでペルソナを設定する必要がある。

　38歳女性、東京の大学を卒業後地元に戻り金融機関に就職、28歳で結婚。夫は41歳、大手不動産会社で課長職。県庁所在地の○○市○○に居住し、育児休暇取得後、勤めていた金融機関を退職、現在、短時間勤務で、隣の自治体にある、もとの金融機関の別の支店で窓口業務を務めている。子どもは5歳の男児一人。フルタイム勤務を目指し、男児の保育園入所を希望しているが条件が合わない。大事にしていることは、仕事でのやりがいと子どもの成長。

　こうしたペルソナを複数設定することで、行動を促したいターゲットが、どこで情報に出合いやすく、どんな内容の情報に関心を持ちやすいかを検討できる。まさに、社会関係・人間関係のなかに情報の受け手を置く作業である。

広報とは想像力である。カスタマージャーニーという考え方がある。顧客がどのように情報を認知、関心を持ち、行動に至るかというプロセスをジャーニー（旅）に例えたことばである。先の女性ペルソナに社会関係・人間関係のなかで旅をさせることで、広報を効果的に行動促進につなげることができる。

　ターゲティングにより関心を惹くことができたのであれば、続いて、その関心を高温化させることが望ましい。ターゲティングだけでは「うん、確かに」で終わってしまう可能性がある。高温化させることで「もっと詳しく知りたい」と思わせることができる。

　関心の高温化のためにも共感が必要になる。ここでの共感には、2つのアプローチがある。「狭く・近い」共感形成と、「遠く・広い」共感形成である。狭く・近い共感形成とは、同じ関心を持つ社会関係、コミュニティ内部での共感を作る取組になる。同じことを大事にしている人たちが「いいね」と言っている状況を提示する。「何を言っているのか」よりも「誰が言っているのか」を重視した情報発信が必要になる。遠く・広い共感形成は、社会的な正しさへの寄り添いである。貧しいが懸命に生きようとする人々を支えること、災害から復興しようとする人々の立ち上がりを助けようとすること、からだやこころの障碍を持ちつつ、誰かを支える人々を応援すること。ほんの一例ではあるが、こうした正しさを含む情報を発信する。

　人は小さな世間だけではなく、大きな世界でも生き、そのいずれにも共感できる。世間も世界も「世」である。狭く・近い世間も、遠く・広い世界も社会関係・人間関係と、そこへの想像力によって成り立っている。

---

④着地点整備での共感形成

　関心を惹き起こしたターゲットを、迷子にさせずに探索誘導し、着

地させる場所、着地点整備がメディア活用戦略モデルの次のフェイズである。

「あなたにとって意味のある情報です」として関心を惹き起こされ、共感によって関心を高温化させられて、探索誘導により降り立った人々を、行動に向けて準備させる場所が着地点である。QRコードや検索ワードによって探索誘導したウェブサイト、チラシと地図によって探索誘導したイベント、ポスターとサインによって探索誘導した観光案内所も着地点になる。行動に向けての準備は、それらの着地点に信頼と共感が整えられていることによって可能になる。

信頼は行政の強みである。その信頼を裏切らない着地点を整備しなくてはならない。ウェブサイトは常に最新の正しい情報を掲載しなければならない。セキュリティの確保は当然であり、規格にあわせたアクセシビリティを確保し、ユーザビリティにも留意する必要がある。行政が主催するイベントも信頼性を強調することが求められる。

しかし、信頼だけではターゲットの行動への準備は十分ではない。あわせて共感があって、行動に向けた準備は整う。着地点で共感を形成するために必要なものも、ソーシャルネットワーク、社会関係・人間関係である。ソーシャルメディアの利用によって、同じ関心を持った人々が次々と情報発信している様子を可視化する、実際に行動している様子を見えるようにする。同じ関心を持った人々が実際に集まり、フェイス・トゥ・フェイスで意見交換し、既に行動した人々に出会うことのできるイベントに参加すれば行動に向けた共感の形成は十分に可能となる。

信頼に加え、社会関係・人間関係の力で形成された共感によって準備された行動は、的確なインセンティブによって実現される。行動促進フェイズの役割である。

⑤行動促進のインセンティブ

　準備された行動は、インセンティブによって促進される。インセンティブにもさまざまなものがあるが、社会関係・人間関係がインセンティブにも大きく関わる。1つは報奨である。簡単にいえば「褒める・褒められる」という構造である。信頼と共感によって準備された行動は、それを実現することで褒められる。そういう環境を用意することで促進される。

　この報奨を「しかけ」として洗練させた考え方がゲーミフィケーションである。ゲーミフィケーションとは、課題解決にゲーム的な要素である競争・協力や達成感、心理的報酬などを組み込み、参加を容易にし、意欲を高める手法とされる。負けまいと思う「競争」、一緒にやろうとする「協力」、誰かに褒められたいという「心理的報酬」、関係のなかに入ろうとする「参加」。いずれもが社会関係・人間関係によって可能となる要素である。行動を促すことを期待するターゲットを常に社会関係・人間関係のなかに置いて考えることが、広報の目的の実現につながる。

⑥関係に向けた情報共有への支援

　メディア活用戦略モデルにおける情報共有支援フェイズは、情報受信者が情報を自発的に共有（シェア）することで、認知の強化、関心の深化、共感形成の着地点の拡大につながることに注目したフェイズである。

　ターゲットに行動を促すための基礎的情報を認知をした人々が、「こんなことが起きている」とソーシャルメディアでクチコミで情報を共有してくれれば、「なんとなく聞いたことがある」「なんとなく気になる」という認知獲得の力は強められる。関心惹起フェイズに情報共有

を支援するしかけが用意されていれば、ターゲットと同じ関心を持った人々によるシェアが広がることになる。その結果、ターゲティングによる「私のことだ」にとどまらない、「私につながる多くの人々のことだ」という関心の深化が起きる。シェアされた情報を整理し、着地点に整備すれば、十分な共感形成が可能になる。

これらはいずれも、情報を社会関係・人間関係のなかに投げ込むことで可能になる。ソーシャルネットワーク時代だからこそ可能であり、広報の目的である行動促進にとって決定的に重要な意味を持つ。広報は、単なる情報発信ではなく、ロジックモデルを基礎とした、行動促進を目的とする戦略的な取組である。

(4) 協働が広報の目的を実現させる

メディア活用戦略モデルを基礎に置いた時、広報は行政だけで実現することはできない。とりわけ、ソーシャルネットワーク、社会関係・人間関係を前提とする、社会関係・人間関係を必要とする取組において、行政の弱みは明らかとなる。行政が確立した組織として振る舞おうとすればするほど、ソーシャルネットワークからは異端とされる。

ソーシャルネットワーク、社会関係・人間関係は臨機応変に対応する可塑性に満ちている。冷たい公平性ではなく、温かい人間性が基礎となる。

自治体行政は、個々のフェイズにおける、個々のターゲットへの取組についての、自らの弱みを十分に意識しなければならない。「われわれは何ができないのか」、そのように意識し、何ができないのかを明らかにできたときに突破口は見える。すべてを行政が担う必要はない。地域には多くのプレーヤーがいる。見渡せば、それぞれに強みと弱みを持ったプレーヤーが、まちを支えている。広報のいちいちの場面で

の自らの弱みを確認し、それを補完可能なプレーヤーを見つけよう。私たちの弱みを補完してくれるプレーヤーにも別の弱みがある。行政の力で、その弱みを補完できた時、広報の目的を実現する可能性は大きく高まる。

　本書も同じである。編者の弱みはもとより、共著者それぞれの弱みを共著者が補完しあう。それぞれの著者は必ずしも同じトーンで文章を書いていない。それが全体としてリズムをつくる。ソーシャルネットワーク時代の自治体広報の理解に本書が貢献できたとすれば、まさに社会関係・人間関係、ソーシャルネットワークを基礎とした協働の力によるものである。

第2章
自治体広報と
ソーシャルメディア活用

第2章　自治体広報とソーシャルメディア活用

●はじめに

河井　孝仁

　第2章では、印出井一美氏と松島隆一氏が、近年、急速に利用が拡大し、さまざまなサービスが生まれているICTを利用したソーシャルメディアを中心に議論を行う。

　それぞれ、広報およびソーシャルメディアについて定義を行い、自治体広報をとりまく状況を確認したうえで、活用方法を述べている。

　印出井氏は、千代田区職員として実際に公式アカウントの運用をした経験から「どのような運用が市民との連携を可能にするのか」について、きわめて具体的に対応方法を提起している。

　自治体においてTwitterなどソーシャルメディアの運用を担当するものにとって、すぐにでも使えるノウハウに満ちている。

　松島氏は、千葉市が取り組む「ちば市民協働レポート（ちばレポ）」について言及している。ちばレポは、本書のテーマであるソーシャルネットワークを基礎にすることで可能な取組である。市民のイニシアティブを活用して地域の課題を解決するための仕組みについて学ぶことができる。

1 広報の本質とソーシャルメディア

千代田区環境まちづくり総務課長　印出井　一美

　自治体広報におけるソーシャルメディア活用を考える前に、改めて「広報」とは何かを確認したい。広報はPR（Public Relations）の訳語であり、さまざまな利害関係者とのよりよい「関係性」を構築する活動をいう。

　一方「ソーシャルメディア」とは、広義には、ICT（情報通信技術）を用いた誰もが参加可能なメディアであり、社会的な関係性を通じて広がっていくように設計され、双方向なコミュニケーションが実現できるものをいう。

　「ICT」「社会的関係性」「双方向コミュニケーション」というキーワードを踏まえると、いわゆる電子掲示板、ブログ、動画共有サイトなどもソーシャルメディアに含まれる。ソーシャルメディアのなかでも、FacebookやTwitter、Instagram、LINEなど、人とのつながりや興味・関心の対象等を可視化・共有するインターネットのサービスである「SNS（ソーシャル・ネットワーキング・サービス）」が、自治体広報等で用いられてきている。

　ソーシャルメディアは「人と人」、「共通の関心の対象」など社会的な「関係性」に基づき、多かれ少なかれ「交流」をするためのメディアである。より良い関係性を構築する活動である「広報」と、関係性に基づき交流を目的とする「ソーシャルメディア」には大いに親和性があるといえる。

第2章　自治体広報とソーシャルメディア活用

(1) ソーシャルメディア観の変容

　筆者が初めてソーシャルメディアに触れたのは2005年である。このころ、ソーシャルメディアによる関係性は「バーチャル（仮想的）」だと指摘されていた。しかし、ソーシャルメディアの中にある情報は、現実世界のモノや出来事、そして人と結びついており、「バーチャル」というより、「リアル」な世界における時間的、空間的な制約を補完し、コミュニケーションを高度化させるものといえる。また、現在、さまざまなSNSが運営されているが、平成28年版の総務省情報通信白書によると、その利用状況はLINE（44.9％）、Facebook（35.3％）、Twitter（28.7％）となっており、若年層から中高年層まで、コミュニケーションの「必需品」といえる。

　一方で、SNSは人と人とのつながりを促進する仕組みをさまざまに実装しているサービスである。このことから、利用者が求めるつながりの「範囲」や「強さ」を超えて広く深く「過剰なつながり」をもたらすこともある。これを背景に、「ソーシャル疲れ」といわれる現象も起こっている。原則実名制で、いわゆる、「リア充」を競う投稿が多いといわれるFacebookのアクティブユーザーは減少傾向にあり、特に20代の減少が顕著だといわれている。

　このようなソーシャルメディア観の変容を踏まえながら、広報の眼目である「多様な利害関係者とよりよい関係の構築」を実現するためにソーシャルメディアをどう活用していったらいいのかを考えていきたい。

(2) 広報戦略とソーシャルメディア

　「広報すること」が目的化されている。これは、自治体広報の大きな

問題点である。

　企業では「広報の効果測定」が大きな課題となっているが、自治体においても、「広報した」というアウトプットだけではなく、市民に「伝わったのか」、さらに「行動」や「理解」を促したのか、その視点で効果を意識することが重要である。

　こうした視点に立って伝えるべき対象は「誰か」、それに相応しい媒体は「何か」、タイミングは「何時か」、読み手のリテラシーに応じたコンテンツの量や内容は「どのようなものか」など、しっかり把握する必要がある。それらを踏まえて「関係性」のメディアであるソーシャルメディアの活用について戦略的に検討する必要がある。

①ソーシャルメディアを知る

　ソーシャルメディアが普及し、コミュニケーションの必需品となってきた。しかし、自治体組織のなかではどうだろうか。ソーシャルメディアが持つポテンシャルを活かせる職員は多くない。そこで、まず職員がソーシャルメディアを知り、ソーシャルメディアを仕事や日常生活に活かす"ソーシャルメディア術"を体得する必要がある。

　これは、単に情報の発信術にとどまらない。多くの市民がソーシャルメディアを使うようになった今、市民の声を知り、自治体の課題や問題を知る"術"でもある。また、情報の漏えいや意図しない情報の拡散など、昨今、さまざまな場面で顕在化しているソーシャルメディアのリスクを知る"術"でもある。さらに、広報活動に必要な庁内外の人脈づくり、いわゆる「誰が何を知っているかを知る（Transactive memory）」"術"でもある。

　これらは、狭義の広報にとどまらず、広聴、メディアリレーション、そして自治体内のインターナルコミュニケーションにも有用であるといえる。

②ソーシャルメディアガイドラインと研修の必要性

　多くの人は、ソーシャルメディアを個人として使っている。一方で、自治体広報として運用する職員はどうだろうか。利用者の感覚が理解できないと、アカウントをうまく運用できない。確かに、ソーシャルメディアには、情報セキュリティの脅威、情報の漏えいや炎上など、運営上のリスクがともなう。自治体職員は個人としての利用控えたほうがいいという指摘もある。

　しかし、たとえば、職員が窓口で市民に接するときはどうだろうか。組織の立場で語るとしても、現実には職員個人が語る。窓口業務に接遇のガイドラインやノウハウがあるように、ソーシャルメディアにおいても守るべきことを守り、必要なスキルを身に付けたうえで「個人」が一人称で語る必要がある。それでこそ、ソーシャルメディアの白眉、人と人との「関係性」に基づく交流を通じたコミュニケーションが実現できる。

　守るべきことを示すものが「ソーシャルメディアガイドライン」である。多くの自治体では、組織運用に焦点を当てているが、千葉市や千代田区のように個人利用における注意事項を示しているところもある。ソーシャルメディア研修を実施している自治体も増えている。

　また、民間企業では社員を重要な「メディア」としてとらえ、一定のガイドラインの遵守や研修への参加を条件に、当該企業の魅力などを積極的に発信することを奨励しているところもある。インターネットの普及による「情報の大洪水」時代にあって、企業広報や宣伝が伝わりにくくなっているなかで、「あの人が勧めているのだから」読んでみようと思わせる、『「人」を介する情報発信』が広報戦略の1つとして有効であると認識されてきたといえよう。

③「公平・平等」な広報の課題とソーシャルメディア

　自治体広報の原則は、すべての人に「公平・平等」に伝えることであるといわれている。確かに、すべての人が必要な情報を獲得する「機会」を「公平・平等」に確保することは必要である。

　しかし、「公平・平等」にすべての人に伝えようとすると、「誰にも伝わらない」というのが広報の現実である。広報紙やウェブサイト、そしてソーシャルメディアなど、自治体が活用できる広報メディアの特質を踏まえ、個々の情報を伝えたい相手が属性を知り、媒体間連携を図りながら情報発信をすることが必要である。

　ソーシャルメディアは、自治体広報が活用できる媒体のなかでは、機動的な運用とあいまって、ターゲットを意識して活用できるものであるといえる。

④傾聴から始めるソーシャルメディアの運用

　ソーシャルメディアの運用の前に、まず、ソーシャルメディア界隈で、地域や自治体に関してどのような情報が発信されているか「傾聴」することが大切である。ソーシャルメディアという土俵でどのように語られているか。自治体のイベントや事業について参加者・利用者がどのような感想を抱いているか。それらを把握することは、情報を発信する前提として大切な利用者を知ることにつながる。ITベンダーなどによる「ソーシャルリスニング」分析サービスも普及しているが、既存のポータルサイトやアプリにおけるソーシャルメディア検索機能などでもある程度のことは把握できる。ぜひ、取り組んでみてほしい。

(3)「関係性」を創るソーシャルメディアの運用

　自治体のソーシャルメディアガイドラインでは、「砕けた発言」はしてはいけないとか、原則として他のアカウントとつながったり、反応したりしないとすることが多い。連携先の情報の信憑性などのリスクを踏まえると、これを原則とすることは理解できる。しかし、かたくなにこの姿勢を貫くと、ソーシャルメディアの本質である「関係性」を活かした情報発信は実現できない。一定の制約のなかでどのように関係性を創っていくか。筆者の経験を踏まえて運用の考え方を指摘したい。

①「人」を感じる語り口で〜無謬性より誠実さ〜

　ソーシャルメディアは一方的な情報の配信ではなく、双方向性があるコミュニケーション手段である。対面であるかインターネット上であるかの違いはあるが、個人と個人の「人」を感じる交流の場であり、そこでの語り口は「御触書」のような「公用文」や「広報文」は避けたい。ソーシャルメディアユーザーのタイムラインには、ユーザーの友人等の情報が流れている。そのなかでは、乾いた公文口調ではなく、人間味が感じられる口調で発信してみたい。

　インターネットを介するソーシャルメディアでは、情報の伝達・拡散の速さが大きな特徴である。しかし、拡散して欲しいという情報は拡散せず、失敗や不祥事が急速に広がるというのが常である。拡散して欲しい情報を拡散してもらうにはどうするか。利用者は情報そのものを拡散するというより、その情報から感じる「いいね」や「意外だ」「おもしろい」「大事だ」といった感情を拡散するのである。そして、ユーザーのタイムラインに流れるのはユーザーの友達の日常や友達が勧める情報である。そこに自治体のお堅い行政文が流れたとしても、

特段の「感情」は生じないだろう。

　普段の自分の友人との会話を思い出してみるといい。ある友達から「面白い」と感じたことを聴いたとする。それを、別の友達に嬉々として話すことがあるだろう。コミュニケーションの構造はそれとなんら変わらない。利用者個人とつながる感覚で語ってみよう。

　自治体がソーシャルメディアで配信する情報は多様であり、高度の正確性・確実性を求められるものもあるが、「無謬性より誠実さ」（2013中村）を運用姿勢のイメージとしていくといいのではないだろうか。

②他のアカウントとつながってみよう

　自治体ソーシャルメディアの運用ルールでは、他のアカウントの拡散やリンクの掲載も原則として禁止されていることが多い。しかし、ソーシャルメディアでは、利用者同士の具体的な交流の中から、情報の信頼性が高まったり、つながりの中に「意外性」を発見したりということがあり、それが、「関係性のメディア」としての醍醐味であるといえる。公共的なアカウントなどを中心にアカウント間の交流にも取り組みたい。

　筆者が千代田区の公式Twitterアカウント（@chiyoda_city）の運用を担当していたときには、警視庁犯罪抑止本部のアカウント（@MPD_yokushi）と犯罪の防止や災害情報関係情報に関するリツイートやリプライを行った。それだけでなく、季節の風景など普段の日常的なリプライのやりとりを行った。それは、有力なインフルエンサーのアカウントとの連携による「情報の拡散」につながった。そして、なにより、2つのアカウントの人間的なやりとりを見ている利用者が、千代田区の公式アカウントに良いイメージを抱いてくれることに寄与したと考えている。

③双方向はラジオパーソナリティのように

　自治体ソーシャルメディアの運用ルールでは、利用者への返信は原則として実施しないとされている。どのようなものを例外として運用したらよいのだろうか。まず、返信元の情報が確かなことである。返信元ユーザーのプロフィール、タイムライン、返信をしようとする情報を確認したうえで返信をする。

　次に、どのような場合に返信するかであるが、「他の多くの人から共通する質問が寄せられるような場合」には、それらに答えるということも含め、返信が可能ではないかと考える。また、自治体側が発信したい内容を、あらかじめ問いかけてくるような利用者の情報発信に返信するという手法も考えられる。さらに、必ずしも「返信」という形をとらなくても「多くのお問い合わせをいただいている〇〇ですが」というように発信するという手法もある。

　いずれにしても、例外として返信をする場合について、「公用文」として「〜の場合」というように決めておくのではなく、利用者からの発信のうち、自治体の広報活動の流れに相応しいものを「ラジオのパーソナリティ」のように取捨選択して、返信という形で付加価値をつけて発信するという運用を心掛けたい。また、ユーザーとの双方向のなかでも先述した「無謬性より誠実さ」を基本として、逃げ道の多い「公用文」口調を避ける一方で、誤りがあった場合にはそれを認め、誠実に対応するという姿勢を心掛けたい。

　そして、個別具体に回答が必要な場合には、「市民の声」のような、自治体公式ウェブサイトの広聴フォームやメールアドレスを周知するなど、日ごろからソーシャルメディアにおいてお知らせすることも必要である。

(4) 投稿内容(コンテンツ)にこだわる

　繰り返しになるが、自治体ソーシャルメディアアカウントを見ている利用者のタイムラインには、利用者の友達や利用者が興味を示し、フォローしている企業・団体の情報が流れていく。広報紙など、自らの情報のみで占められるメディアではない。また、「ソーシャル疲れ」現象が指摘されるように、利用者に「面白い」「素敵」「意外だ」と思わせるハードルも上がってきている。そんな状況であるからこそ、投稿内容（コンテンツ）にこだわりたい。

①役に立つ情報を簡潔、明確に

　自治体の情報のなかで利用者にとって役に立つ、得をする。そんな情報を、簡潔にポイントを踏まえて配信したい。既に自治体の広報紙や公式ウェブサイトに掲載されているものであっても、そのポイントを抽出する、主たるターゲットに絞った表現をする、このように他の広報媒体ではしにくい工夫をしてみたい。

②タイムリーな情報配信を

　ソーシャルメディアはフローのメディアであり、その特性としてリアルタイム性がある。「今、起こっていること」「さきほど、決まったこと」をリアルタイムに知らせることができる。人より早く知りそれを周囲に広げたい。それが、ソーシャルメディアユーザーの人情の常でもある。タイムリーな情報配信に心掛けたい。

　また、利用者のタイムラインを流れる社会の動きやニュースとの関連性を踏まえて、「今、配信すること」で利用者の眼にとまりやすいことにも敏感になる必要がある。たとえば、他の地域で地震災害が起こった際、耐震改修やシェルター設置助成制度を周知することなどがあげ

られる。

さらに、祭事やイベントなど地域の人々が大きな関心を寄せる出来事を、リアルタイムで配信することも利用者の共感を呼ぶことに寄与する。

Twitterにおいては、テレビ視聴と親和性が強く、テレビで自治体の施策や地域情報などの放映予定がある場合には、連携した情報配信を行うことで拡散が期待できる。また、流れていく「フローのメディア」としてソーシャルメディアを捉えると、同様のメッセージを繰り返し伝えることも可能である。たとえば、選挙の投票を呼び掛けることを毎日配信しても、日々、情報はユーザーのタイムラインを流れてとどまらない。

ただし、全く同じ投稿をしてはいけない。メッセージは同じでも、写真や表現を変えたり、選挙であれば投票日までの「カウントダウン」をしたりするなどの工夫が必要である。

③地域の動きや人物の紹介

活力あるコミュニティや地域で活躍する人は、自治体にとって大きな財産である。しかし、広報紙やウェブサイトなどの媒体では紙面の制約や編集方針により、コミュニティや人にかかわる情報は十分発信できていない。日常的な内容である場合には、報道機関に情報提供してもニュースとして取り上げられる可能性も低い。このような場合に、地域や学校の出来事、そして、それを支え、仕掛けている人物を、タイムリーかつ、いきいきとした写真と文章で伝える。ソーシャルメディアではそれが十分に可能である。

④自治体の現場や舞台裏を発信

ソーシャルメディアが関係性の媒体であるならば、自治体業務を支

える現場や舞台裏の動きを知らせることは、自治体活動に共感を持ってもらうことにも有効であると考えられる。

　すでに、民間企業のFacebookページなどでは現場の営業所などからの情報配信がされており、企業におけるインターナルコミュニケーションとして機能している。実は自治体においても、組織が大きくなると組織内の動きについて十分な情報共有ができない場合がある。自治体業務の現場や舞台裏の情報をソーシャルメディアで配信することは、自治体内のインターナルコミュニケーションにも寄与すると考えられる。

⑤特定の配信先をイメージする

　ソーシャルメディアは投稿が流れることから、関心のない情報はスルーしてしまう。そこを逆手にとって、特定の関心のある人にささる情報配信ということも可能である。たとえば、「アキバ系のヲタク」をイメージしたコンテンツを「#akiba」といったハッシュタグを組み合わせる投稿など、こうした投稿をすることがアカウントに特定の個性を植え付けることにもなることから、何度も投稿することは適当ではないが、試してみる価値はある。

⑥見え方を確認する

　ソーシャルメディアの運用にあたっては、利用者からどのように見えているか、随時確認する必要がある。利用者の利用デバイスによってもコンテンツの見え方は異なる。すると、目を引くのは写真であるとか、表示されるテキストは2〜3行であるとか理解できる。それらを踏まえて、写真の選択や投稿の見出しのキャッチコピーやリード文を掲げる必要がある。

　目を引く写真やキャッチコピーについては、広報スキル一般と共通

する点もあるので、ここでは詳細を述べないが、それぞれのソーシャルメディアのサービス特性も踏まえて発信したい。特に、最近は動画コンテンツがソーシャルメディアを通じてシェアや拡散され、自治体の知名度やブランドの寄与する例が見受けられる。

⑦クリエイティブなコンテンツの展開

　地方が持つ資源を掘り起こし、そこに創造性を掛け合わせ、地域の活性化を図る。近年の地方創生の動きの中で、広報にも創造性が求められている。地域ブランドの向上や受け手に行動を促す広報。そこには、魅力や事実を可視化し、印象的な物語を紡ぐ「編集力」が必要である。広報手法にも動画やインフォグラフィックが多く用いられてきている。そして、こうしたコンテンツが拡散される主戦場がソーシャルメディアである。

　一方で、クリエイティブな広報は専門的なスキル・ノウハウが必要で、「費用対効果」が評価しにくい。事業者に「丸投げ」という状況もある。しかし、自治体広報担当者は、地域にある様々な「資源」や「事実」を最も知っている。そこに共感を呼ぶ「切り口」を加えればいい。たとえば、「方言」や歴史上の「人物」にピンポイントにスポットを当てて、地域の個性を発信する。「健康寿命が短い」という地域の課題・問題を明らかにするデータを可視化して行動を促す。自治体広報パーソンは、こうした「編集の切り口」を見つけ、クリエイターなどと連携してクリエイティブなコンテンツを発信することが可能である。共感を呼ぶクリエイティブなコンテンツをソーシャルメディアで展開していきたい。

(5) 災害時の情報発信こそがんばろう

　東日本大震災以来、災害発生時の情報共有手段として、ソーシャルメディアの有用性が広く認められてきた。非常時に正確・迅速に公式情報を発信すること。また、ときには他の公的機関やメディアと連携して有用な情報を配信する。さらに、市民の情報を聴き確認を経て、被災状況や要支援情報を把握する。このように、災害時のソーシャルメディア運営は、災害時の情報の「ハブ」として機能してきている。

　これを、非常時に有効活用するために、平時からソーシャルメディアを通じた市民との連携と信頼関係を構築することが重要である。そのための取組例として、埼玉県和光市では、Twitterに「＃和光災害」のハッシュタグと位置を示すジオタグを付して、写真付きで市民に情報を発信してもらう訓練をしている。これは大いに参考にしたい。

　こうした平時からの備え、そして、災害時における正確かつ迅速・適切な情報受発信ができれば、ソーシャルメディアアカウントに対する市民の信頼は深まる。筆者も、2014年5月5日早朝、東京地方で震度5弱の地震が発生した直後、気象庁の公式情報を確認し、Twitterで配信した。

　その後、すぐに区役所の防災連絡員に区役所の震度計のデータと現時点での被害情報を確認、配信した。配信後、災害対策本部に駆けつけ、消防、警察からの情報を記載したホワイトボードの臨場感ある写真を添付して「被害なし」の情報を追加配信した。

　これら一連の配信によるツイートのインプレッション（ユーザーがツイートを見た回数）は2万を超えたほか、一気にTwitterのフォロワーが増えた。平時からさまざまな形でソーシャルメディアを活用し、組織アカウントであっても、それを運用する担当者の人間性を醸し出し、信頼関係を構築してきた結果だったと考える。

(6) 運用の評価と運用体制

①ソーシャルメディア運用のPDCA

　ソーシャルメディアもFacebook、Twitter、LINE、Instagramなど、それぞれ機能、特性、ユーザー層が異なる。広報紙や公式ウェブサイトと連動させた情報配信については、相互のコンテンツのあり方など十分に事前に調整し、タイミングも含めて計画的に配信したい。

　Twitterなど、特にリアルタイム性の強いソーシャルメディアでは、イベントなどにおける現場からの実況的な配信に取り組むことによって、災害時における臨場感ある情報配信の訓練にもなる。そして、Instagramはシティプロモーションなど自治体の魅力を画像や動画で発信するのに適しているので、質の高い画像を使うことを心掛ける必要がある。

　また、ソーシャルメディアには、無料でユーザーに届いた件数や、拡散の状況、ユーザー層などを分析するツールがある。これらを積極的に確認し、どのようなコンテンツが関心を呼び、共感を得ているのか。日々チェックし、今後の運用に活かしていきたい。

②運用担当者と運用責任者

　どの自治体においても人員の状況は厳しい。ソーシャルメディア専任の人材を置く余裕はないだろう。広報紙等の編集、メディアリレーションなどと併せて取り組まなければならない。だからこそ、担当者は普段から個人として積極的に活用し、自分の表現手段としてまさに「日用品」と言えるように使い込んでおく必要がある。一方、ソーシャルメディアで、非常時にも即時に情報が発信できるようになったということは、いつでも配信できるようにスタンバイしておかなければなら

ないということを意味する。

　災害時における信頼度の高い公式情報を防災無線や公式ウェブサイトで配信するのは、防災担当であることが多い。防災担当が普段からソーシャルメディアを駆使し、災害時に迅速・機動的に配信できれば理想である。

　しかし、防災担当は平時のコンテンツをあまり持っていない。そこで、災害時広報として広報担当がどのように機能するのか。24時間スタンバイできるという意味では、担当者に委ねることは難しい。運用責任者たる広報担当の幹部の役割が重要である。

　また、24時間365日スタンバイにあたって、情報セキュリティの観点から情報発信デバイスのあり方についても留意する必要がある。ある自治体では、かつて運用担当者だった職員のデバイスからアカウント情報が残り、連携アプリから不適当な自動投稿がされたという事例があった。災害やイベントの現場などで配信する場合において、BYOD（担当者自身の情報端末）で運用する場合、専用デバイスの貸与などが必要ではないだろうか。

(7) 自治体広報とソーシャルメディアのこれから

　ソーシャルメディアと自治体広報について、筆者の経験に基づいて運用の留意点を述べてきた。最後に、広報人材育成の観点から述べたい。

　インターネットの世界において、ソーシャルメディアのサービスには、栄枯盛衰があると考えられる。しかし、インターネットと現実社会が密接に結びついているなかで「ソーシャルメディア」的な仕組みは、これからも続くであろう。そして、人の多くは人とつながりたいと思い、人とのつながりを維持していくだろう。そのつながりが軋轢と

なり、さまざまな問題が発生するのではないだろうか。しかし、それは人の歴史とともに存在してきた問題である。

一方で、人と人とのつながりのなかで、それぞれの得意分野を共有しながら、問題を解決したり新たな価値を生み出したりする「互酬的」な関係は、人にとって心地よいだけでなく、実は非常に効率的なものである。

自治体広報担当者は、広報紙の編集、動画の製作、メディアリレーションなど「自治体業務らしからぬ」仕事をしている。専門スキルも必要である。また、自治体施策や取り巻く環境など多様な分野について幅広く、ときには深い知識を踏まえ、事業の担当者並みの説明能力が求められる。

そんな広報担当者が、さまざまな人たちとつながり、コミュニケーションを重ね、自分の得意分野、苦手分野を共有し、「誰が知っているかを知っている」関係性を広げ、問題解決のヒントを掴める。そんなプラットフォームがソーシャルメディアにある。自治体広報担当者がソーシャルメディアと関わる必要性はここにあると思っている。

【参考文献等】
「ソーシャルメディア駐在所論 〜Twitterアカウント運用担当者として学んだこと〜」(2013　中村健児)
「地方創生時代のためのITを活用した情報発信ガイド」(2016　インプレスR&D　取出新吾)

❷ 市民主体でまちづくりを進めるための情報共有

千葉市広報広聴課長　松島　隆一

　自治体広報とは、「広報（Public Relations）」の名のとおり、「市民との間に良好な関係性を築く一連の活動」のことであるが、実際の活動は、「自治体がまちづくりを進めるための市民への（一方的な）情報伝達」にとどまっている場合が多い。しかし、自治体を取り巻く環境の変化に伴い、自治体には、まちづくりにおける市民と行政の協働の推進など、市民との新たな関係性の構築が求められている。

　これらにおいて、自治体広報にも広報紙やウェブサイトを中心とした従来の広報手段に、ソーシャルメディアの活用など新たな視点を組み込み、行政からの一方的なお知らせではなく、「市民主体でまちづくりを進めるための市民との情報共有」を達成する工夫が求められる。ここでは、こうした動きを概観した後、千葉市を例に、これらの動きに対応するための自治体広報の現状と、これからの展望について述べる。

（1）自治体を取り巻く環境の変化

①人口減少と少子高齢社会

　人口減少と少子高齢化が報じられて久しい。千葉市でも将来人口推計は、2020年に97万4,000人に達した後、減少に転じ、2040年には87万人と、1999年頃の水準まで減少する見込みである。この

間、年少人口および生産年齢人口が減少するとともに、高齢者人口は増加する。人口減少と少子高齢化の進展による課題は、将来の税収の減少や社会保障費をはじめとした義務的経費の増大など財政面だけでなく、自治体職員数の減少も考えられる（千葉市では、2000年に約8,000人であった職員数が、2014年に約7,300人に削減されており、人口減少の進展に伴い、さらなる削減が予測される。）。

　将来の人口減少・少子高齢社会において、現在自治体が提供している行政サービスの種類や質を確保することは困難になっている。市民と自治体の関係性を変化させ、行政が何でもやる時代から、オープンガバメントに代表される、行政と協働しながら市民が主体的にまちづくりに参画する時代＝市民によって支えられる街への変化が求められている。そして、このような市民と行政の協働を推進するためには、市民・行政それぞれが互いの状況を理解し合い、合理的・効率的にまちづくりを行う仕組みが必要である。

②ソーシャルメディアの普及

　総務省の「平成27年通信利用動向調査」の結果（2015年7月）によると、2014年末時点で、インターネット利用率は、全体では前年と変わらないが、パソコン、従来型携帯電話からの利用が減少し、スマートフォン（以下、「スマホ」という。）、タブレット型端末からの利用が増加している。特に50代以下におけるスマホの利用が顕著で、30代以下ではスマホからの利用が第1位となっている。高齢者層のインターネット利用も拡大傾向にあり、60代で75%、70代で50%を本調査で初めて超えている。これらの状況は、多くの市民が、いつでも・どこからでも生活のなかでインターネットを利用可能であることを示しており、自治体の情報発信には、より迅速性やパーソナライズ化（個人の求めにフィットした情報）が求められることになる。

また、FacebookやTwitterに代表されるソーシャルメディアの利用動向も、50代以下の各年代で前年に比べ拡大しており、10代から40代の各年代で5割を超えている。ソーシャルメディアは、「インターネットを利用して誰でも手軽に情報を発信し、相互のやり取りができる双方向のメディア」（総務省「平成27年版情報通信白書」）であり、これらの普及は、市民相互のつながりを、町内自治会など従来の「地縁」によるものから、ネットワーク上の共通の興味による「知縁」によるつながりへと変化させており、自治体にもこれに対応した情報発信等が求められる。また、ソーシャルメディアは、市民に社会への情報発信力を与えるとともに、自治体が、ネットワーク上の情報を分析することで行政施策に資する情報を得ることをも可能にしている。

(2) 自治体広報の現状

　千葉市が2013年に実施した広報媒体に関するアンケート調査において、「主たる市政情報取得手段と考える広報媒体」については、市ウェブサイトやソーシャルメディアなどインターネットを活用した広報媒体を抑え、最も多くの市民が支持したのは、従来から広報の中心であった「広報紙」であった。

　しかしながら、年代別で見ると60代に比べ30代では広報紙を支持する割合が低く、市ウェブサイトやソーシャルメディアが多くなっており、概観したソーシャルメディアの普及状況からも、若年層を中心に今後は全世代においてソーシャルメディア等の利用が伸びることが予想される。

　以下、主な広報媒体の現状について述べる。

①広報紙

　紙幅による情報量の制限や印刷・配布工程による情報の迅速性の面で課題はあるが、プッシュ型で全世帯に配布される広報紙は、最も市民が頼りにしている広報媒体であり、その状況は今後もしばらくは続くと考えられる。

　今後、広報紙が上に述べた課題を克服し、ソーシャルメディア時代に対応した形で活用されるための方向性としては、「小田原市や流山市などで実施されている記事IDによる市ウェブサイトの詳細・最新の情報との連動」「ソーシャルメディアでの広報紙紹介による未読層へのリーチ」「『マイ広報紙』など広報紙の各記事データを配信するウェブサービスとの連携によるパーソナライズ化された記事データのクリッピングやプッシュ配信サービス」などが考えられる。

②ウェブサイト

　千葉市では、2015年2月の市ウェブサイト管理システムの更新を機に、「市民の皆さんと一緒に創るウェブサイト」をコンセプトに、(1)で述べた市民協働やパーソナライズ化の取組を行っているので紹介する。

　魅力満載！とっておき千葉市：市民目線の市の魅力について、市ウェブサイトを介して広く発信するため、地域情報サイトと連携し、市民発の市のお勧め情報をTOPページに表示している。

　ページの編集／提案機能：市ウェブサイトをより使いやすく、分かりやすいものにするため、ウェブサイト利用者が、ウェブサイト管理システムの一部機能を用いて各ページを編集し、改善提案をする機能を搭載している。市は、提案を元に、必要に応じページを修正する。

　パーソナライズ機能：年代や関心ごとなどを選択することにより、

お勧めのページを表示する。

　また、2016年3月には、行政の透明性の向上を図ることで、市民に税金、公共料金等の行方に対して信頼を持っていただき、納得感のある市政の推進につなげることを目的に「市税の使いみちポータルサイト」を公開した。

　「給食費」、「保育費」、「家庭ごみ処理費」について、利用者が負担している公共料金以外にどれだけの行政コストがかかっているかなど、受益と負担の関係を可視化するものだが、(1)で述べた「市民・行政それぞれが互いの状況を理解し合い、合理的・効率的にまちづくりを行う仕組み」の一つとして、今後の自治体広報のあり方の一つとなると考えている。

　その他、2015年度の千葉市ウェブサイトの利用統計からは、(1)②で概観したソーシャルメディアの普及に合わせた特徴として、市ウェブサイトへのアクセス（セッション数）は、統計上初めてモバイル利用がPC利用を上回り、PC利用はビジネス目的、モバイル利用は余暇等の目的と、アクセス手段により用途が明確に分かれていることも明らかになった。

③ソーシャルメディア

　千葉市では、ソーシャルメディアを積極的に活用するとともに、それらを効果的、効率的かつ安全に活用するために、2013年4月に「千葉市ソーシャルメディア活用指針」を策定した。指針では、その目的を「市民と市が『情報や課題を共有』し、『ともに考えていく』ことを推進すること」と「非常時への備えとして、平時からソーシャルメディアを通じた市民とのつながりと、信頼関係を築いていくこと」としており、ここでも「市民・行政それぞれが互いの状況を理解し合い、合理的・効率的にまちづくりを行う仕組み」の具現化が想定されている。

現在、Twitter、Facebook、YouTube、Ustream に公式アカウントを設定しているほか、LINE も利用している。各アカウントは、市からの情報提供に特化した運用を原則としているが、Twitter においてのみ、市公式アカウント等に対する問合せへの対応と市への親近感の涵養を目的とした双方向アカウント「ちば市役所ノヒト」（以下、「ノヒト」という。）の運用を、2015 年 5 月から行っている。

公式アカウントに対するフォロワーのアクティブ率を見ると、広報公式アカウント（49.56％）、集客観光公式アカウント（49.36％）に比べ、ノヒトは約 14 ポイント高い 63.03％となっており、双方向アカウントの情報伝達力の優位性が窺われる。また、Twitter のアンケート機能を使った調査では、フォロワーの 81％がノヒトに対する親近感を抱いており、設置目的の市への親近感の涵養は一定程度達成していると評価している。

(3) これからの自治体広報

自治体を取り巻く環境の変化と、千葉市の広報の現状を述べてきたが、これらを踏まえたソーシャルメディア時代のこれからの自治体広報について、以下、私見を述べる。

さきに見たように、自治体を取り巻く環境の変化に伴い、これからの自治体経営には、市民との協働＝市民主体でのまちづくりの推進が求められており、これを円滑に実現するためには、市民と自治体がお互いの状況を理解し合うことが重要である。

そのため、自治体広報には、従来の「市がまちづくりを進めるための市民への情報伝達」から、「市民主体でまちづくりを進めるための市民との情報共有」へその目的を据え直す必要がある。「広報」本来の「市民との間に良好な関係性を築く」への回帰である。

ソーシャルメディアの普及により、個人の社会に対する情報発信力が増すなかで、自治体広報における情報の流れも、従来の市民への一方通行から、市民発の情報も自治体を経由し広く市民・自治体間で共有され、まちづくりという共通の目的の下で活用されるという形に変化していくことが望まれる。

　ソーシャルメディア時代の自治体広報においては、市民と自治体のそれぞれが発する情報を共有するプラットフォームも広義の広報媒体ととらえ、市民と自治体の相互理解を促進することが重要である。

　千葉市では、このような情報共有プラットフォームの先駆的な取組として「ちば市民協働レポート（ちばレポ）」の運用を行っているので、次項で紹介する。

①ちば市民協働レポート（ちばレポ）

　「ちばレポ」とは、千葉市内で起きているさまざまな地域課題（たとえば道路が傷んでいる、公園の遊具が壊れているなど。）について、ICT（情報通信技術）を使って、その発見・解決の状況を市民がレポートすることで、市民と市役所（行政）、市民と市民の間で、これらの状況を共有し、合理的、効率的に解決することを目指す仕組みである（図2-1）。

　地域課題を発見した市民は、写真を撮ってスマホでレポートする。レポートされた地域課題はウェブサイト上で共有され、安全性の確保などの面から市役所でなければ解決できないものと、清掃、雑草除去や落書き消しなど市民の力で解決できるものに仕分けし、前者は市の担当課が従来通り解決し、後者は、市民参加により解決するものである。

図 2-1 「ちばレポ」のコンセプト

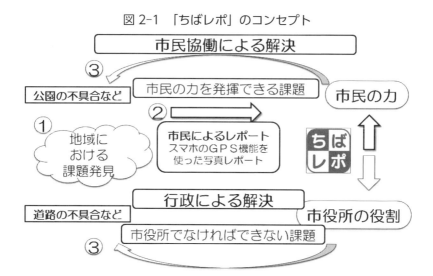

　地域課題は、これまで電話やFAXによる通報で受けていたが、通報した市民と受け取った市の担当だけの情報のやり取りで、課題解決の優先順位も見えないので不満を感じる方もいた。

　ちばレポでは、クローズドだった地域課題がオープンになるとともに、それらに対する市の対応状況も併せてオープンになるので、市民みんながそれらを共有でき、地域課題を投稿したレポーターや課題解決に当たった担当部門への理解や信頼感が増し、自らもレポーターとして、あるいは課題解決者として街を良くしたいという「街への参画・協働意識」を誘発できるのではないかと期待した。また、ちばレポへの参加をきっかけとして、街やコミュニティへの意識が高まり、結果として、日常生活においても、街を良くしたい行動につながるのではないかとの期待もあった。「市民発の情報も自治体を経由し広く市民・自治体間で共有され、まちづくりという共通の目的の下で活用されるという形」の具現化である。

　このような期待を持ちながら、2013年7月～12月に約1,200人の参加で実証実験を実施、期間中に916件のレポートが寄せられた。

参加者からは「ちばレポを便利だと思う（95.4%）」「街を見る意識が変化した（69.0%）」との評価が寄せられ、当初の狙いがほぼ達成できたことから、同年12月議会で補正予算を要求、2014年9月から「地域課題のスピーディな把握と効率的な解決」「市民の地域課題解決への参画とともに、地域の一員としての意識醸成の促進」「地域課題についての情報プラットフォームの構築」の3点を目的とした、ちばレポの本格運用を開始したのである。

運用開始後1年半を経過した2016年3月末現在、ちばレポには3,693人が登録、累計で2,770件のレポートを受け付け、86.6%が対応済み（対応完了率は、レポートから7日以内で55.5%、14日以内で70.3%、30日以内で81.5%）となっているが、1回でもレポートしたアクティブユーザは全体の19.4%にとどまっている状況である。

実際のちばレポは、簡易な操作で地域課題等のレポート（通報）が可能な「スマートフォンアプリ（iOS、Android対応）」、通報された課題ごとの対応状況を一元管理する「ちばレポ業務管理システム（統合CRM）」およびレポートの状況を地図上に表示する「ちばレポウェブサイト」から構成され、スマートフォンアプリ以外はクラウド環境に構築されており、「市民と行政の新しいチャネル」「市民と行政の協働の機会」「行政運営の効率化」の3つの機能を提供している。

このうち、「市民と行政の新しいチャネル」と「市民と行政の協働の機会」が、情報共有プラットフォームとして、市民と市の相互理解を促進する機能が発揮される場となっている。「市民と行政の新しいチャネル」では、ちばレポの代表的な機能である「こまったレポート」において、市民が街で発見しレポートした地域課題のうち、直近の200件がウェブ上に公開されている（参考：http://chibarepo.force.com/CBC_VF_ウェブReportMap）。

道路の傷みや公園の遊具が壊れているといった地域の課題を発見し

た市民は、それを写真(または動画)に撮り、道路・公園・ごみ・その他のカテゴリーに分類し、地図で位置を確認してレポートする。レポートは、カテゴリーごとにあらかじめ設定したワークフローに基づき担当課に振り分けられるので、担当課は、レポートの内容から公開・非公開の判断を行った後、受け付けた旨をレポーターに返信。この時点で公開可とされたものがウェブ上で公開される。

以後、担当課が対応手法を検討し解決するまでのプロセスはレポーターに逐次報告され、同時にウェブにも公開されるので、レポーター以外の者にも、個々のレポートの内容と、担当課の対応状況が共有される。ちばレポウェブサイトのトップページにも、全レポートへの対応状況が「レポートの進捗状況」として視覚化され把握可能となっている。

また、「市民と行政の協働の機会」では、図2-1で「市民協働による解決」として示したことを実現する「サポーター活動」がある。これは、地域課題のうち、安全性等を考慮しその解決に市民の力が発揮できるものについて、市民協働による解決活動をシステムにイベントとして立上げ、参加者を募り、実際の課題解決を行うものである。サポーター活動に興味のある参加者は、登録時に自分の持つスキルで活動可能な分野(清掃、除草、落書消しなど)を登録しておくと、当該分野のイベント立上げ時にプッシュ通知が届く仕組みとなっている。イベント参加者からは、「参加者が積極的に作業する姿に感動した」「身近な活動からうまれる地域交流の楽しさを共有していけると嬉しい」「街がきれいになって達成感があり、充実した時間だった」などの感想が寄せられている。

これらの活動について、運用開始後1年を経過した時点で実施したちばレポ利用者アンケート調査結果では、アクティブユーザの割合が低いにもかかわらず、「ちばレポを良い仕組みと思う(87.1%)」「市の

対応に満足している(64.2％)」「サポーター活動に参加したい(41.9％)」「ちばレポを勧めたい(70.3％)」との評価を得ている。

このように、ちばレポにおける市民の活動状況と課題解決に対する市の考え方や実際の対応が、ちばレポウェブサイトを通じて共有されていることにより、レポーターの活動や行政の対応に対する信頼感が育まれ、市民と市の相互理解を促進するプラットフォーム＝広義の広報媒体となっていることが見て取れる。

③その他の工夫と留意点

・広報広聴の情報サイクルの構築

ソーシャルメディアにより個人の情報発信力が高まる中、行政に対する否定的な意見の連鎖、いわゆる炎上のリスクを減らす対応が求められる。何らかの対応誤りなどで行政に対する信頼感が失われた場合、それを取り戻すことは至難の業である。それを防ぐためには、「今、市民が何を望んでいるのか、市民の興味はどこにあるのか」を的確につかみ、それに基づく適切な広報を行うことが必要となる。

市民の行政に対する興味は、広聴という形で行政に入ってくる場合が多い。千葉市では、市長への手紙、コールセンター、ウェブサイトのFAQの利用状況などで把握する市民の興味を迅速につかみ、ウェブサイトやソーシャルメディアなどの速報性のある媒体で的確に広報を行えるよう、2015年4月からそれまで別組織であった広報、広聴部門を統合し、広報広聴課として、市民の声を参考にした広報や、広報結果を把握するための市民の声の収集など広報広聴の情報サイクルを意識した広報活動を実践しているところである。

・市政情報をきちんと届けるための工夫

ソーシャルメディアで行政情報を発信する際、個々の利用者のタイムライン上に流れる種々の情報の中から市が発信する情報にいかに目

をとめてもらうかが重要である。ノヒトでは、コンテンツを作成する際、写真・動画の添付やテキスト1行目の表記の工夫により、リツイート・リプライなどのエンゲージメント率が大幅に向上し、情報伝達範囲が広がっていることが確認されている。

また、インフォメーションミックスの手法も意識して行っている。これは普段は市のトリビアなどの柔らかな情報を中心に発信しているノヒトのツイートの中に、市民に伝えたい行政施策などの硬派な情報を織り交ぜることで、行政にあまり興味のない者に対しても硬派な情報の内容が意識付けられるとの考え方に立つものである。

その他、ソーシャルメディアを入口として、より詳細な情報が掲載されているウェブサイトに誘導するクロスメディアの手法についても、公式アカウントをフォローしていない者への情報を届ける工夫として、ハッシュタグの活用を推進している。

・知的財産権への配慮

ソーシャルメディアの活用に合わせ、大きな意識を払わなければならないのが、知的財産権への配慮である。ソーシャルメディアの情報伝播力を考えると、一度の失敗が自治体へ信頼度を一挙に低下させてしまう。

特に、広報紙で用いた写真をソーシャルメディア等へ転載する場合の著作権・肖像権や、地図情報サービスを活用する際の利用許諾範囲などは、特に配慮すべき事項と考える。

以上、ソーシャルメディアでもある「ちばレポ」を中心に、市民と自治体の相互理解を促進する観点からの自治体広報について述べてきた。読者の一助となれば幸いである。

第3章

地域での子育てを応援する協働広報

第3章　地域での子育てを応援する協働広報

●はじめに

河井　孝仁

　第3章では、ソーシャルネットワークを基礎とした「協働」が、子育て情報の広報という具体的なフィールドで、どのように実現されていくかを見ていく。

　原田博子氏は、NPO法人はままつ子育てネットワークぴっぴの代表として、自治体の課題を明確に示しつつ、民間組織の持つ強みと弱みを基礎にした浜松市との協働のありさまと可能性を、具体的なシーンとして述べる。

　行政にとってNPOや市民との協働が、いかに本気で取り組まなければならないものであるかを、原田氏の現場の声が示している。

　荒尾順子氏も、子育て世帯にとっての自治体広報とはどのような機能を果たすべきかを述べている。

　そのうえで、行政サービス情報を有効に提供し、あわせて自治体職員の仕事を減らすという両者を解決する手法として、アスコエパートナーズが自治体に提供している「子育てタウン：ママフレ」を提示する。

　植田奈保子氏は、自治体と協働するメディア企業の立場から、自治体との連携を語っている。自治体とは異なった場所から地域を支える矜持が読み取れる。

　民間のメディア企業が持つ強みによって、どのように行政の弱みを補完するか、多くの具体的な事例が説得力を持っている。

1 はままつ子育てネットワークぴっぴの市民協働

NPO法人はままつ子育てネットワークぴっぴ理事長
原田　博子

　「協働を『弱み』から考えるステップが必要だと思う。まず『弱み』を言い合う。『私たちはこれができません』『私たちはこれができます』と、弱みを知ると初めて相手を捜そうとする。相手を探した上で『弱みを補完してあげるのは私です』と言えれば協働になる。」

　昨年の秋、私たちが開いたシティプロモーションを考えるシンポジウム「わがまちの魅力を発信する」でこう話したのは、NPO法人はままつ子育てネットワークぴっぴの理事でもある本書の編者、河井孝仁である。協働をこんな視点で見ると、自ずと私たちNPOと浜松市とは近いことをしながら歩み続けてきたのかもしれない。河井の言葉を思い出しながら、私たちが行ってきたこれまでを事例として述べてみたい。

(1) 市民協働について

　NPO法人はままつ子育てネットワークぴっぴは行政と市民協働で広報プロジェクトを共に第一歩から開始した。しかし、市民協働はこういうものという定義のなかで始めたものではない。試行錯誤の繰り返しである。

第3章　地域での子育てを応援する協働広報

①市民協働の始まり

　11年前の7月、浜松市の子育て情報サイトを開設するプロジェクトをスタートするために、私たちはテーブルを挟んで市の職員たちと向き合って座っていた。

　私たちは、以前から、子どもを持つ親の立場で、当事者のニーズにあった子育て情報サイトが欲しいと願ってきた。当時の浜松市のウェブサイトは予防接種や健診のお知らせ程度と、通り一辺の情報しか見当たらず（というよりはほぼ内容がなかった）、どこに問いかけたら情報が得られるのかもわからないという状況だったのである。行政側もそれを危惧していたため、さまざまな経緯はあったと思われるが、ウェブを構築して地元のNPOに運営を任せてみるのはどうだろうかと考えたようだ。

　プロジェクトの募集が出た時、行政情報のみならず、民間の地域情報も同時に入れる企画を考えていた。昔も今も変わらないだろうが、子どもと出かけられる施設や、親子で集って食事ができる場所など、昼間親子とふたりきりになる母親たちは、外に出ておしゃべりやママ友たちと息抜きできる場所が欲しいと願っており、そのような情報も欲しいはずだ。地域情報が載っている雑誌を買えば載ってはいるかもしれないが、リアルタイムに情報は変化していく。それが叶うのはウェブサイトではないのか。行政情報と民間情報の融合したウェブサイトなら、いちいち分けて情報を探すことなく見ることができる。プロジェクトは企画提案の優れたNPOに託すとのことだったため、なんとしても取りたい一心でプレゼンテーションに望んだのである。

　選定されたプロジェクトは委託事業だったが、3つの難しい条件付きであった。1つ目は、9ヶ月でサイトをオープンさせること。2つ目はウェブサイトの運営の傍ら、母親たちが直に集まれるリアルの場を

設けること。3つ目はウェブサイト完成後、サイトの運営団体を探すことだった。もちろん、短期間でこれらをクリアできるはずがない。

　当時、浜松市では「市民協働推進条例」が制定されたばかりだった。そこで、市民活動団体と市が連携し、公益の増進を図るという市民協働という観点から、依頼元の担当課職員（当時は児童家庭課）は元より、市のウェブサイトの担当課であった情報政策課の担当者2人が構築のためにこのプロジェクトに加わった。

　市側は「サイトを媒介した子育て支援の輪をつくる」というのがこのプロジェクトの目的であり、当然、私たちも願ったり叶ったりで思いは一致している。ずっと以前から、ママ向けの手作り情報誌などは仲間同士で手掛けてきたものの、実際、官民協働サイトという大きなプロジェクトをどう進めていけば良いものか、正直戸惑いがあり、行政側にサポートしてもらわなければならない状況であった。幸いにもプロジェクトに関わる行政職員は私たちの立場と同様、同じ年頃の子どもを持つ父親や母親であり、民間の私たちが持つ強みがどこにあるのかを理解している人たちだった。

　子育て中の親という当事者視点を活かし、調査からウェブサイト構築まで、プロジェクトメンバーは、厳しい状況のなかで、時には意見を衝突させながらも互いに意見を尊重し合い、最終目的に向かって誰もがサイト構築に気持ちを集中させ完成させた。

　当事者視点で、イラストもかわいく、初心者が使用しても欲しい情報にたどりつくこと。そのために、「知りたい」「相談したい」「つながりたい」という3つの主な入り口を設け、その後は年齢別と調査で得たニーズの高いキーワードを小見出しにして探せるように工夫した。

　情報は、行政用語を使わず、わかりやすい言葉で説明することを重点に置いて作りこんだ。当時としては、おそらく"日本初の官民協働サイト"だったと言えるのではないだろうか。

②言うは易し。行うは難し

　多くの行政職員は常に多忙を極めているようにみえる。当時、プロジェクトを共にした行政職員が書いた文章を読んでみると、『初歩の初歩である「まずは情報発信！」ということの徹底すらなかなか前進しない状況でした。問題の9割は市職員の意識にありました。「窓口に来てもらえれば説明もしているし、冊子も渡しているんだから、同じ情報をウェブサイトに出す必要なんてない」と大まじめで話す職員もいました。』とある。

　実際、冷静に考えてみれば、限られた市民にだけ理解してもらうより、広くウェブサイトに公開して、周知を行い、それでも疑問があれば窓口に来てもらうほうが効率が良いことはわかるだろう。つまりは余裕がないのである。

　10年以上経った現在でも、時々、起こり得る出来事だ。私たちは行政の肩代わりをするつもりはなく、あくまでも行政だけでは実現できない目的を達成するためのパートナーとして存在している。そのため、広く周知を図るための情報発信は必要である。

　子育て中の当事者に対しても「公開しているのだったら私だって知りたかったのに…」ということにならないためにも、筆者の考える市民協働は、民間と行政が対等な立場で協力し合うことである。こちらもただ権利だけを主張するのではなく、対等な立場である以上、努力を怠らないことが前提である。

　2006年、私たちにとって名誉なことに、ウェブサイトを運営開始して1年足らずで、日経地域情報化大賞日経新聞社賞を受賞することができた。当時、行政のある役職職員から、「賞をもらうのであれば、日経ではなくて地方新聞の賞だった方がみんなに知れ渡ったのにね」と言われた。

ご本人は、子育て世代はきっと見ない経済新聞より、市民がふだん慣れ親しんでいる地方紙に掲載された方がぴっぴの知名度を上げ広報するのに役立つに違いないという親切心からの言葉だったに違いない。

　これまで他自治体のウェブサイトの行方を見ていると、サイト構築から数年で更新が滞り、情報がフリーズ状態になっているところも少なくなかった。サイト構築時は資金が出るものの、構築後、情報は無料、更新するのは当たり前という概念から予算もほぼ付かず、担当職員が忙しい職務の間に更新作業をすることとなり、自ずと後回しになっての結果なのかもしれない。

　市民はよく知っている。更新されないサイトは見ない。見られなければアクセス数も減っていき、ウェブサイトの評価は下がるという負のスパイラルに陥ってしまうのである。立ち上げたサイトはいずれ自立させるべきという声もあがっていた。私たちも予算がつかないこと、「運営費は自分のところで稼げ」と言われることは避けたかった。行政と民間の協働で情報発信していくのだから、せめて官の部分だけは行政側で費用分担して欲しいと必死に要求して予算がついた。しかし、いつ予算削減になるかわからない。

　そうしたなかでの日経新聞社賞受賞は、経済界で認知度が高い故に市へのアピールにもなった。外部（全国）からぴっぴの知名度が拡がったことで浜松市のなかでの注目度が上がり、急遽、サイト運営に対する資金が継続することとなった。その後も連続して国や県からさまざまな賞を受賞することとなり、知名度とともに、さらに信用度も高まり結果的に官民協働サイトは大きな広報になったのであった。

　しかし、一見、華やかそうに見えるが、市民協働の理解度は行政内ではなかなか進まなかった。今回のプロジェクトはそもそも行政の委託事業である。委託する行政が上で、受託するNPOは下の立場と考える人も少なくない。かつて日経地域情報化大賞受賞の際に審査員に

言われたことがある。「市民協働、言うは易し。行うは難し」と。まさに今も挑戦し続けている。

(2)広報の方法について

広報活動を行うなかで、子育て情報サイトを開設してから10年余りの間にずいぶんと情報発信の方法に変化があった。これについて述べると共に、私たちのこだわりや伝え方についての工夫を述べてみたい。

①情報発信のメディアの変化

私たちが子育て情報サイトぴっぴを開設した当時、ウェブサイトから情報を得るというのは、まだ、子育て世代の母親たちにとって限定的であった。現在のようにスマートフォンでウェブサイトが容易に見られる環境ではなかったからである。

特に、普段昼間に子育てをしている専業主婦には、まだパソコンを開いて見るというのに壁があった。第一に、パソコンは夫と共有という家庭も多く、夫が帰宅しないとパソコンを開けられないなど、デジタルデバイドの問題があった。パソコンの使い方がわからないという問題である。

そして、乳幼児を抱える母親は子育てに忙しく、例え自由にパソコンが使える場合でも、パソコンをゆっくり開いてネットサーフィンするような時間は、子どもの昼寝中か、夜間寝静まった後になるので時間が限られていた。

そんな状況もあり、ウェブを使えない人のために、子育て情報誌「子育てガイド」も発行していた。また、当時はガラケーの小さな画面が主流だったので、登録すれば定期的に届くメールマガジンの発行を行っ

ていた。

　週に２回ほどの割合でイベント情報や旬の情報、時には読み物系としてブログを配信し、情報はできるだけ簡潔にわかりやすく伝わるように工夫をするように心掛けた。

　ウェブサイト開設当時からのこだわりとして、市の方針でもあった情報のユニバーサルデザインの観点は絶対的な要素であった。ウェブ初心者でも使いやすく、伝えやすい言葉で、情報が伝わること。子育て当事者が必要な情報を伝えやすくすることに重きを置いていた。

　これまで子育て情報発信に携わってきて、劇的に変化があったと感じるのは、スマートフォンの登場である。スマートフォンは今や人々にとっていつでもどこでも身近に存在している。持ち運びやすく、使いやすい。当然、子育て世代への浸透は早かった。１人１台のスマートフォンは気軽に見ることができる。パケット方式で料金も一定額料金制になっているので、電話代に神経質にならなくて済むというのも重なったのかもしれない。

　子育て情報サイトぴっぴは2014年４月、スマートフォン対応にサイトをリニューアルした。すでに、子育て世代の６割近くはスマートフォンからのアクセスだ。パソコンよりも主眼に置いてサイトデザインも行った。検索機能が発達してきた現在、YahooやGoogle検索を使ってキーワードを入れ、知りたい情報を探したら、子育て情報サイトぴっぴに行きついたという場合も多々ある。子育て情報サイトぴっぴを知らなくてもである。

　開設当初のように、子育て情報サイトぴっぴを知っていてトップページから情報を探すより、いきなりキーワードから第２階層に飛んで閲覧されるという場合も増えており、どこから来ても理解しやすいページである必要があり、運営側としてはこれまで以上にハードルが高くなったと感じている。

情報が探しやすくなった分、紙媒体の冊子「子育てガイド」の有り方も変化させてもよいのではないかと考えている。"ウェブサイトを見られない人のために"の代替としてではなく、これだけは知らせておきたいというセレクトした内容であったり、特集ものであったりしてもよいのかもしれない。情報は刻々と変化するので、印刷物ではどうしても追い付かない。それならば、紙媒体を活かせる広報の仕方もあるのではないかと。

また、スマートフォンの使用が増えるに従い、子育て世代のSNSの利用は高くなった。相互の時間を気にせず会話ができるコミュニケーションツールとして利用している人が多いのは確かである。浜松市が2016年よりメールマガジンの配信を取りやめた。多くの人々に配信をしているものの、どれくらいが実際見ているのか手ごたえが感じられないためである。

最近は、行政の広報手段としてFacebookやLINEを使用している自治体が多く、浜松市も公式Facebookで「いいら！」リポーターが広報活動を行っているが、私たちの場合もLINEを利用している。若い世代の母親たちはLINEを利用する人が多く、イベントや公的なお知らせなど定期的に送るのだが、行動につながり、反応も速い。時と場合に応じてSNSの利用を検討して使用している。

②先輩ママのアドバイス

ここでは民間ならではの伝え方の工夫について紹介したい。

協働を始めた頃からのアイデアとして、子育て情報サイトぴっぴに掲載したのが、「先輩ママのアドバイス」だ。行政側は、市民のために窓口で問い合わせがあれば精一杯の対応をしてくれてはいるだろう。

しかし、1対1では伝わる情報量も職員のコミュニケーションスキルによって差が出てくる。また、公平公正を重んじるばかりに行政側

から言えないこともあるだろう。そこを補完する役割として考えたのが「先輩ママのアドバイス」である。その一例を述べる。

> 今年（平成28年度）の浜松市の待機児童数は前年より半分程度に減って214人でした。それでも4月時点で既に200人超え。年度途中にはさらに増えて倍以上になるとも聞いています。
>
> （中略）
>
> 働き続けたい、再就職を目指したいと思っても、何百人という待機児童数を見てしまうと、はたして保育園に入ることが出来るのだろうか？と心配になります。
>
> （中略）
>
> ぴっぴの運営ブログ「待機児童問題・浜松市の場合」を読むと、平成28年4月入園の募集・申込みの状況がわかります。まずは現状がどうなっているのか、どんな選択肢があるのかを知ることから始めて、その中で優先したいことは何か、譲れるところ、譲れないところの折り合いをつけて、なんとか待機児童の問題を乗り越えていきたいですね。

「保育園落ちた日本死ね！」で国会でも議論になった保育園待機児童問題。浜松市も2015年に比べ半分ほどに減った待機児童だが、依然、保留に留まった家庭もある。現在、自分はどんな状況のなかでどう動いていけばいいのか、希望がかなわなかった家庭も、これから入園を考えたい家庭もたくさんあるはずである。

実際、行政からは事実のみしか発表されない。自分のことは自分で考えるべきかもしれないが、当事者の気持ちになれば指針が欲しいのではないだろうか。そこで、行政では言えないことを代弁して語ることにしたのである。それには、NPO側も生半可な語りはできない。担当は勉強しながら、誤りがないように行政側と協議をしながら進めて

書く。

　より当事者にわかりやすくするために、既存のデータを基にグラフ化して見える化を図る。もちろん、行政側の依頼はない。あくまで当事者視点からの判断である。情報を出す以上、できるだけ多くの人に伝えることが市民への広報のあり方ではないだろうか。

(3) 人が育つことについて

　人を育てるのは難しい。私たちも年々、年を重ねていく。課題がなくなればNPOは解散すればいいという考えでいる。しかし、課題というものは次々と出てくるものである。次世代の人が育つ環境は必要だが、それはどんなことを言うのだろうか。私たちの活動から少し見えてきたことを述べる。

①取材ママ＆パパ特派員

　子育て情報の発信は私たちにとって日常の仕事である。だが、この裏には、施策を含め、情報発信を基に地域の子育て力の向上につなげることが目的にある。

　10年以上経って、結果的に人が育ったと強く感じるのは取材ママの存在である。ウェブサイト開始当時から民間情報を入れるとしたら、おでかけ情報が欲しいと考えた。行政情報の発信だけでは限りがあり、必要な時だけ見れば事足りる。せっかく運営するなら、楽しくて常に見たいと思えるような情報がある方がいい。ウェブサイトはぴっぴスタッフが企画運営するのだが、情報発信には限りがある。それ故にできるだけ多くの人々に関わってもらうことが大切だと考えたからだ。

　取材ママの位置付けは、もちろん、記事を提供してくれる助っ人ではあったが、もうひとつ意図があった。それは、社会性を段階的に取

り戻していく機会である。

　女性は子育て期を経て再就職しようと考える人が多い。筆者もそうであったが、どっぷり子育てに追われていると社会から遮断されたと感じる気持ちが強くなっていく。再び社会に出て働きたいと考えた時に、自分が社会で通用するのだろうかと不安になり、二の足を踏んでしまったという経験から、社会に馴染んでいく機会を持つ扉にしたらどうかと企画を練ったのが始まりであった。

　取材記事は、どのサイトにも、雑誌にもあり、いわば、普通に掲載されているものである。ただ、子育て中の当事者の視点で、自分が子どもと遊びに出かけてこんな場所が良かった、こんな時期に行ってみると楽しい等を取材ママの体験を通して記事にしたところ、とても好評だった。スタッフが、若干記事の校正をするが、取材者ならではの目線で素朴な記事を書くことが、同じ世代の人々の間で共感を呼び、拡がっていった。

　現在も続いているが、パパ特派員も加わり、毎年20人ほどの「取材ママ、パパ特派員」が記事を投稿してくれている。特派員同士の交流や写真・記事の書き方講座など活発だ。なかには子どもが大きくなり卒業していった人たちも多い。

　11年も続いて、それほど地域情報を伝えるようなネタがあるのかと思われる人もいるだろう。しかし、人が違えば、目線が変わる。子どもの年齢、出かけた時のシチュエーションで同じ場所でも違った記事になり、発見も多い。

　そして、大きな成果は、卒業後、特派員が減るのを心配していたにもかかわらず、これまでの年月の間に、記事を読んで大いに役立った、助かったという感謝の気持ちを持ってくれた人たちが、2人目、3人目の子どもを産んだ後、今度は自分が役に立ちたいと取材ママに応募してくれ続けていることだ。人を育てるというのはこういうこともある。

②当事者運営のメリット

　1年前、ある自治体に住む女性から突然、電話をもらった。彼女は子育て団体の代表者で、前職はテレビディレクターだったそうだ。現在は子どもを持ち主婦をしているそうだが、自分の市の子育て情報が楽しくないと言う。見れば、シンプルで使いやすそうだ。しかし、彼女は確かに行政情報だけを見るには良いサイトだと思うが、自分たちの望んでいるものではないと言う。

　今の状況では、自分たちで民間情報サイトを立ち上げるしかないと思い、そこで、参考に全国のサイトを調べたところ、自分たちが望むサイトとして引っかかったのが、子育て情報サイトぴっぴだった。このサイトの設立のきっかけ、仕組みについて聞かせてほしくて連絡したとのことであった。

　その時は、経緯や運営についてひとしきり話をして電話を切ったが、その後の連絡はなかった。

　ちょうど1年経った頃、どうも気になったのでこちらから連絡を入れてみると、市の協力を得てサイトを開設するところまで行きそうだということだった。ただし、運営主体は民間なので資金は民間持ち。市とは連携をとり、行政情報はリンクで引っ張ることになるとのこと。

　しかし、それでは市には2つのウェブサイトが存在することになる。1つは行政主体。1つは民間主体。協働と言えるのだろうか。それならば、現存のウェブサイトを民間に任せるという選択はないのだろうか。

　想像だが、行政が運営すれば安価で済むし、行政が伝えたい情報が発信できればよいというふうに考えていないだろうか。市民ニーズ、声を反映させているのだろうか。彼女のような自ら地域を元気にさせたい、子育て中のニーズを発信したいという民間力を活用することは

市民である彼女たちにとっても大きな力となり、多くの人が関われば地域も元気になり育っていく。

　他自治体の行政からも、これまでにサイトについて多くの問い合わせがあった。その際、担当職員の多くは「運営を任せられる団体がない」とおっしゃる。いや、任せられないのではないのか。

　行政と言えども完璧はない。行政と民間が弱いところを補完し合って、力を合わせていけば、地域の活力につながり、きっと元気になる。魂のこもっていないものは抜け殻であり、当然元気を生まない。

(4) 地域での子育てを応援するために

　それぞれの都市の魅力を知ってもらうのも広報の役目である。地域の魅力はたくさんあるが、そのなかで、私たちの役割は地域が持つ子育ての魅力を知らせることでもある。それは誰のためのものなのだろうか。

①シティプロモーションは誰のためのもの？

　世の中は少子高齢化。元総務大臣の増田寛也氏が2040年には896自治体が消滅する可能性を持っている、いわゆる「地方消滅」を唱えた。それに危機感を募らせたのか、どの自治体も人口を増やしたい、出生率をあげたいと考え、子育て世代にわがまちに移住してもらうため、子育てしやすいまちを売り込む自治体が増え始めた。

　子育てもシティプロモーションになる。しかし、医療費が18歳以下まで無料、3人目が生まれたら100万円贈呈といったお金によるサービス合戦が見受けられる。私たちにとって、子育て期はお金がかかるので支援があった方がいいが、お金による支援の無いまちは、劣るまちなのだろうか。

第3章　地域での子育てを応援する協働広報

　浜松市では『地域の魅力を創り出し、それを国内外に発信し、都市ブランド力を高め、「人」・「もの」・「情報」が活発に行き交う、元気で活力ある都市を創る活動』をシティプロモーションと定義付けている。

　そのシティプロモーションに一役買っているのは、出世大名家康くんであり、イメージキャラクターとして「出世の街」をブランド化している。市民団体NPO法人「出世の街浜松プロジェクト」が市民の音頭をとって献身的に応援したこともあり、昨年度はゆるキャラ選手権で念願の全国1位になった。

　イベントごとに出てくる出世大名家康くんは、キャラクターとしてアイドル的存在にはなっているが、「出世」＝キャリア、「大名」＝男性のイメージから、「出世に関心のない私たちには関係ない」という気持ちの乖離が女性たちに起きているように見えていた。

　当NPO法人は2015年度から「生まれるまち浜松」出生ネットワーク事業を始めた。サービスをねだるために始めたわけではない。現存する子育て環境の良さを広く地域の内外にアピールできる良い機会であったし、現市長は「子ども第一主義」を市民との約束の8つの戦略のうちの1つとして入れており、「出世の街」のレイヤーのひとつとしての「出生のまち」は考えられないかと。上から降りてきたように見える行政主導のシティプロモーションに、何かしら絡められたらと考えている。

　最近、浜松市は公式サイトに以下を追加した。

　『出世とは、決して働く人のためだけの言葉ではありません。自らを成長させ、夢を叶えること。目標に向かって努力を重ねること。生きがいややりがいを持ち、幸せになること。それが浜松の"出世"です。』

　「出世の街」が夢を叶える街ならば、「出生のまち」は子育てをより楽しむことができる、そんな想いが叶うまちと言ってもよいだろう。市長との懇話の機会に「出生のまち」を話したところ共感が得られ、広

報はままつ2016年2月号に市長自身がコラムで浜松市が「出生のまち」をアピールすることを表明してくれた。

シティプロモーションは人々の共感を得るものであり、地域に住む人々のためのものだ。

最後に、私たちは、官民協働の広報を担っているが、これは行政と民の間に開かれたどちらにもつなぐ「場」でもある。行政の方針や施策を伝えるだけでなく、ふだん生活と子育てで忙しい人々の声も代弁して伝えることも可能な「場」でもある。

また、こうしたことを地域の内外に伝えられるのも官民協働だからこそできるメリットであると言えよう。官民協働は、いまやさまざまなところで耳にすることが増えてきた。切に願うのは一部の利益になることなく、地域全体に行き渡るよう配慮することだ。「言うは易し。行うは難し。」だからこそ。

浜松市子育て情報サイトぴっぴ
　http://www.hamamatsu-pippi.net/
NPO法人はままつ子育てネットワークぴっぴ
　http://npo.hamamatsu-pippi.net/

2 アスコエパートナーズの取組「子育てタウン」

株式会社アスコエパートナーズ　荒尾　順子

　子育てに関する施策は、今やほとんど全ての自治体にとって主要な課題になってきた。そこで自治体の広報では、子育て世帯への情報発信が年々重要度を増している。子育てをテーマとした広報紙の特集が組まれたり、特別ウェブサイトやアプリ（スマートフォンアプリ）が開設されるなど、子育てに関する各種の広報活動は一見すると充実してきたように見える。ところが、子育て世帯に有益なサービスを提供する行政制度については、最も重要かつ不可欠な情報でありながら、思いのほか住民には知られていない。

　ウェブが普及する以前には、自治体が子どもの健診や届出の締切、子育て関連のイベントなど、日常で役立つ子育て関連情報を周知する際に広報紙が大きな役割を果たしていた。これまで、広報紙は新聞に折り込まれたり、自治体の手で各戸に配布されるなどしてきたが、時代とともに新聞の購読率が低下し、さまざまな事情で全戸配布を行う自治体も減少している。そのため現在では、広報紙が子育て世帯への情報発信に最適なメディアであるとは言えなくなってしまった。

　そこで、広報紙を電子書籍やPDFファイルなどに形を変えてウェブ上で展開する試みも進められてはいるが、住民が自ら積極的に情報を見つけて内容を把握しなければならないという状況に変わりはない。

　しかし、なにかと忙しい子育て世帯にとって、果たしてそれに割ける余裕がどれほどあるだろうか。ソーシャルネットワーク時代の広報

という視点もふまえると、特に子育て世帯にとっては、一人ひとりの状況に合った情報をタイムリーに入手できる広報手段が求められているのである。

　そこで、ここでは、子育てサイトを通じた行政サービス情報の有効な提供と、自治体職員の業務削減の双方につながる手法について、アスコエパートナーズが自治体に提供している「子育てタウン：ママフレ」を例に紹介していく。

　アスコエパートナーズは、NPO団体アスコエが開発した自治体ウェブサイト向け標準メニュー体系『ユニバーサルメニュー®』をベースに、主に自治体ウェブサイトの分析評価やサイト構築に関するコンサルティング、またユニバーサルメニュー®に関するシステム提供などを手がける企業である。(http://www.asukoepartners.com/)

　同社は、自治体が子育てに関する情報発信を行う際に抱えるさまざまな課題を解決するサービスとして、ウェブサイト・アプリ「子育てタウン」を開発・運用している。

(1) 自治体の子育てサイト、そこに残る課題とは

　子育て関するウェブサイトやスマートフォンアプリについては、すでに多くの自治体が構築・運用を行っている。政令市に限れば、ほとんどが全庁サイトとは別に子育てサイトあるいはアプリを持っている。

　インフラとしては整備されたこれらのサイトには、現在のところまだ以下のような課題があると考えられる。

①肝心の「行政サービス」情報が不足

　自治体が運用する既存の子育てサイトは、その多くが、関連施設や育児のノウハウ、子育てに関するサークル紹介などの情報を主な内容

一方で、肝心の子育てに関する「行政サービス」、たとえば予防接種や各種の助成金、保育制度といった情報は質・量ともに足りていないことが多い。掲載されていても、ほとんどは全庁サイト本体へリンクで誘導するだけである。その場合、誘導先の全庁サイトがわかりにくいままだと、せっかく子育てに関するサイトを作っても、住民にはメリットが少ない。

②スマートフォンやSNSへの対応不足

現在のウェブは、若い世代を中心に圧倒的に重要な情報源であり、それは子育て世帯も例外ではない。また"ウェブ"にアクセスするツールについては、PC（パソコン）の利用割合が減少する一方で携帯やスマートフォンの利用割合が増加。子育て世帯を含む若い人ほど、その傾向は顕著である。そのため、自治体の子育てサイトでは、スマートフォン対応が必須となってきている。

昨今、ページのサイズやレイアウトなどについては、スマートフォンでの閲覧に適したサイトが増えた。しかし、中身であるコンテンツの文章がPCでの閲覧を想定した分量のままであったり、スマートフォン用に強引に情報が削られた結果、内容が把握しにくくなっている例も多く見られる。

また、子育て世帯を含む若年層は、各種のSNS（ソーシャル・ネットワーキング・サービス）を活用する人が多い。

SNSはスマホの利用が前提であり、スマホ対応の不足はSNS対応の不足と言えるだろう。

③担当者が広報業務に時間を割けない

根本的な課題として、自治体の担当者が広報業務に割ける時間が不

足していることがあげられる。

　特に子育て関連の部署では、広報担当者は日々の窓口業務なども兼ねており、多忙を極める。どの自治体でも、新たな子育てサイトの構築や原稿制作などに、担当者がじっくりと取り組む余裕が無いのが実情である。

(2) 自治体子育て広報の決定版「子育てタウン」とは

　アスコエパートナーズが手がける「子育てタウン」は、子育てに関する行政サービス情報を発信する「ウェブサイト（PC向け・スマートフォン向け）」「アプリ」「紙媒体」の3つを連動させ、シームレスに提供する自治体向けサービスである。

　「子育てタウン」は、妊娠・出産、子育てに関する各種行政サービスを"わかりやすく""探しやすい"情報として発信。同時に、導入する自治体側の運用の手間を大幅に軽減している。ウェブを使った自治体の子育て広報としては、決定版とも言える存在である。

①「子育てタウン」3つの特長

・行政サービスメニューの切り札「ユニバーサルメニュー®」を活用

　一般に自治体サイトでは、子育て世帯にとって大事な行政サービスが見つけづらく、表現や用語もわかりにくいことが多い。場合によっては、制度そのものが掲載されていないこともある。

　「子育てタウン」が持つ第一の特長は、こうした自治体サイトの課題を解決するために、「ユニバーサルメニュー®」（以下、UM）を活用していることにある。

　UMは、国などが定めた根拠法に基づく全国共通の行政サービスと、各自治体で概ね実施されている制度を合わせて、網羅的に集約。自治

体サイト向けの標準メニュー体系として、"利用者目線"での情報分類・提供を目的として作られている。

「子育てタウン」では、このUMをベースにコンテンツを制作。施設情報や育児ノウハウなどの情報に加えて、従来の自治体子育てサイトでは不足していた「行政サービス情報」を抜け漏れなく住民に届けることができる。また、制度を説明する文章などは、原則としてすべてわかりやすい表現と言葉で書き下しており、"利用者目線"を徹底するという"サービスオリエンテッド"の思想を貫いている。

- **スマートフォン対応だけでなく提供コンテンツ"最適化"も**

第二の特長は、スマートフォンに対応・最適化していることだ。

前述のとおり、スマートフォンの利用者は年々増加し、特に子育て中の人にとってコミュニケーションツールの中心となりつつある。

そこで「子育てタウン」では、スマートフォン対応のウェブサイトを構築。スマートフォン画面での見せ方（レイアウト）はもちろん、文章やイラストなど「情報」の見せ方についても気を配っていることが大きなポイントである。

多くの自治体サイトでは、「制度に関するすべての情報を提供しなければならない」という発想で、利用者が最低限知りたい情報以外の情報も大量に掲載している。そのため、スマートフォンで閲覧すると何度も画面をスクロールしなければならず、情報量に圧倒されて「読む気がしない」という人も多い。

そこで、「子育てタウン」では、スマートフォンの小さな画面で閲覧しやすいことを念頭にしながら、しかし最低限必要な情報はしっかりと伝えるという点に力を注いでいる。ただスマートフォンで"見られる"だけではなく、最適化により"見やすい""利用したくなる"サイトづくりを心がけているのである。

- 忙しい自治体職員でも、カンタン・手間なしで子育て制度を広報

　第三の特長は、自治体担当者が、容易に手間なく子育てサイトを構築可能なことだ。

　通常、ウェブサイトの構築や紙媒体を制作する場合には、デザインやシステムを外部事業者に委託できても、掲載するコンテンツである行政サービス情報は職員自らが作らなければならない。その際、担当課別に複数の担当者が原稿を作ることが多く、表現などにバラつきが生じがちである。これが、自治体サイトの"わかりにくさ"のひとつの原因ともなっている。

　ところが「子育てタウン」では、自治体職員が原稿を作る必要はない。UMでは、行政サービスの概要・支給内容・対象者などの項目をテンプレートとして定型化。その行政サービス情報を説明する文章も、すべて用意されているからである。

　さらに、自治体職員が運用する手間が少ないことにも目を向けたい。ウェブサイトやアプリは構築すれば終わりではなく、制度の変更やイベントごとの周知など、コンテンツの更新を中心とした運用が欠かせない。その点、UMは国などの法改正に対応して随時アスコエパートナーズが更新するため、自治体職員がコンテンツの更新を中心としたサイト運用にかける手間は非常に少ない。たとえば『子ども子育て支援新制度』が施行された際には、「子育てタウン」で行政サービス情報の大部分を準備したことで、スムーズな情報発信を実現できた。

(3)「子育てタウン」が自治体広報を根底から変える

　最後に、「子育てタウン」が実は自治体広報を根底から変える可能性があることを説明したい。

①利用者目線の情報発信――行政視点からの脱却

　自治体職員には、数年に一度の異動がある。そのため、担当者が必ずしもその分野のエキスパートではない場合も少なくない。さらに、制度の専門家であったとしても、"詳しい"ということと"伝えるのがうまい"ということは別である。

　その点、「子育てタウン」では制度に精通した専門スタッフがコンテンツを制作・更新する。彼らはまた"見やすさ""分かりやすさ"を考慮した表現方法や伝え方を熟知した、いわゆる「編集」のプロである。この「編集」というフィルターを通すことこそ、利用者目線のコンテンツづくりの大きなカギになっていると言える。

　自治体の予算も人員も「課」ごとに動く。そうした組織の内部では、情報発信も"縦割り"になりがちだ。しかし住民は、自治体組織の論理とは関係なく、欲しい時に必要な情報を手に入れたい。特に子育て関係の制度は、課をまたいで横断的に存在しており、組織を超えた外部からの「編集力」が働かなければ、利用者目線のサイト作りは難しいだろう。

　「子育てタウン」の存在は、サイトやコンテンツの"縦割り"解消という意味でも大きな意義を持ち、自治体広報のあり方を根本から問うものとも言える。

②国全体の「オープンデータ化」も視野に

　行政が持つ制度情報を国民の資産とみなし、そこに誰でも容易にアクセス可能なデジタル環境を整えようという「オープンデータ」構想。この構想については、自治体主導で進めながら、国の省庁を超えた取組にも発展させる活動が始まっている。

　UMの設計思想は「オープンデータ」の取組そのものであり、その

プラットフォームとして「子育てタウン」を位置付けたい。「子育てタウン」は将来的な行政制度の「オープンデータ化」を視野に入れて設計されており、その点でほかのウェブ・アプリサービスとは明確に一線を画す。

③マイナンバー活用の「ワンストップサービス」実現へ

いわゆる『マイナンバー法』が施行され、マイナンバーカードの交付が進んでいるが、ほとんどの人がその存在意義を理解できていないだろう。実は「子育てタウン」の本質は、マイナンバーと深く関わっている。

マイナンバーで国民一人ひとりにデジタルな識別番号を付与する一方で、行政制度もデジタルに識別可能になれば、互いにマッチングが簡単に実現できる。また、ITが活用可能なデジタル環境下で。

これにより、国や自治体による行政サービスを単一のプラットフォームで提供できる。また、一人ひとりの個人が必要な、そして最適化された制度情報の検索やリコメンドも可能になるだろう。国が進める行政の「ワンストップ」サービスはまさにこの状態に向かっており、その点でも「子育てタウン」の持つ先進性は評価されてよいだろう。

すべての国民が安心して子どもを育てられる環境づくりが望まれる中、行政、とくに自治体の子育て支援は急務である。

自治体の子育て広報に改革を起こしつつある「子育てタウン：ママフレ」の取組。行政サービスの利用者たる国民・住民にとっては利便性の向上を、そしてサービス提供側の行政組織には効率的な運営や予算執行の実現など、いずれにとっても大きな福音をもたらすものであると確信し、今後も取組を続けたい。

3 フリーペーパーと行政との協働広報

株式会社サンケイリビング社 取締役　植田　奈保子

　自治体広報を地元のフリーペーパーと協働する際に、フリーペーパーを使う意味をメディア側の視点で考察したい。

　フリーペーパーの大半は地域密着型の生活情報紙誌である。広告収入で紙メディアを成立させるにはチラシを集約できる規模が適当であるため、必然的に地域メディアになる。多くは行政単位ごとに数万部程度のエリア版を作り、その集積で市単位、県単位にリーチするように設計されている。

　サンケイリビング新聞社はそれより大きな単位で、行政区を超えて住民の消費行動に沿ったエリアを設定して20万部前後を1エリア版としている。行政区内のカバー率が低い代わりに、全国にネットワークを組んでマス対応や情報の相互乗り入れができる、世界でも珍しいフリーペーパーネットワークとなっている。

　そうした大きな単位であるが故に、特にリビング新聞では行政との協働広報に積極的に取り組んでいる。定期発行しているリビング新聞では複数の行政のポイント情報を届けるにとどまるので、協働広報できめ細やかな情報の提供に努めることが、地域メディアの責務だと考えているからだ。

　もう1点、行政協働事業はフリーペーパーにとって"お墨付き"や"信頼獲得"につながり、地域メディアとしてのステイタスを上げることになると考えている。無料で配布するメディアが存在意義を端的にアピールするには、地域の暮らしに貢献するメディアであること

が重要だからだ。

　行政協働事業は行政側からすれば、民間を使っていかにコスト削減をするかが主目的だろう。民間側は利益を上げつつミスのない仕事をしなくてはならないので、通常業務の流れのなかにそうした体制が整っていることが前提になる。ミスを起こさない二重三重のチェック体制、独自の営業体制、審査校閲部門独立などが、まず期待される。

　そして、女性向けの編集ノウハウがあること。特に情報提供の主語を「〇〇市は〜」ではなく「あなたは〜」に置き換え、市民目線で情報を整理し直すノウハウは行政に欠けているものであり、ゆえに行政から高く評価されている点である。片や信頼を、片や市民目線を獲得する、フリーペーパーと行政の協働は互いを補完し合う相性のいい事業と言える。

　さらに、地元に編集拠点があるのでイレギュラーな対応も迅速にできることや、コンプライアンスや個人情報保護などを順守していることなどが、全ての協働広報で共通に期待される点である。

(1) 子育てを応援する協働広報のポイント

①ターゲットが明確だからママの共感を得ることが最優先

・表紙のインパクトでママの気持ちをつかむ

　協働広報のなかでも「子育てガイドブック」というターゲットの明確な広報がある。2012年に「子ども・子育て関連3法」が可決され子育てに関する援助が多彩になったため、そのサービスや施設などをいかに知らせるかがこれまで以上に重要になり、ガイドブックといった冊子で知らせることが一般的になっている。

　とはいえ、こうしたガイドブックの発行の有無や体裁・内容につい

ては自治体によってまちまちで、明確なガイドラインは今のところないようだ。

「子育てガイドブック」の一番の目的は、子育て世帯に地元行政の子育て支援サービスや施設などの情報を確実に知らせることである。そのためにも一覧性、網羅性、保存性のある冊子で、妊娠届を提出した人に確実に渡せる形態が望ましいのだろう。

こうして確実に渡しているにもかかわらず、保健センターなどには妊婦さんからの問い合わせが後を絶たず、せっかくのガイドブックの存在を知らない妊婦さんがまだまだ多いと聞く。実は妊娠届を提出すると母子手帳をはじめ大量に書類を受け取るので、まず手に取って中身をパラパラとでも見てもらえるようなものにしないと、そこで捨てられてしまうのだ。

子育てガイドブックは表紙のインパクトと中身の分かりやすさが肝要である。サンケイリビング新聞社が練馬区から受託し、協働で編集した「平成28年度版　ねりま子育て応援ハンドブック」の提案では、表紙案を6案提案したが、そのコンセプトは「がんばり過ぎずゆったりと子育てできる街としてのアピール」。妊娠届を出す頃の妊婦さんの、期待と不安で揺れ動く気持ちを思いやり、やさしく包み込むような色彩と可愛い赤ちゃんの写真の表紙となった。内容も、母子手帳と重なる部分はカットして必要な情報が時間をかけずに簡単に得られるように、検索性も高めた実用的な冊子にした。

- ママの共感を得るメッセージはあるのか？

何よりママたちの共感を得て、子育てをするのにいい街だと親近感を持ってもらうことが広報のポイントだ。情報を全て読者視点、ママ視点で編集するのはもちろん重要だが、本当に必要なのは行政が発信したい気持ちである。子育てに不安を持つママたちを行政はどう応援するのか、メッセージとして発信されていないと自治体広報として完

結しないだろう。

　前述の「ねりま子育て応援ハンドブック」では表紙に「ねりまで安心　みんなで子育て」というメッセージを大きく入れて、ママたちに、区からサポートされている、ひとりじゃないと思える「この街で子育てをする安心感」を伝えている。

　また、「かまくら子育てナビきらきら」を毎年受託している湘南リビング新聞社では、子宮頸がんワクチン接種の案内の項で積極的な接種勧奨を控えている旨の一文を付け加えるように提案した。同ワクチンの積極的勧奨の差し控えについては、2013年6月以降、厚生労働省や各行政機関が呼びかけている。鎌倉市も個別通知により対象者への情報提供を行っているが、ママにとっての重大関心事を改めて記載したことで、より効果的な情報発信となった。

　メディアと協働広報するなら、そうした編集視点やノウハウをこそ重視してほしい。常日頃から女性の心をつかむために、テーマや切り口はもちろん、見出し、写真、イラスト、デザインと細かく気を配っている編集者に、そして地元を良く知る編集者に、行政が何をメッセージすべきかから相談してほしいと思う。

(2)行政のメッセージを伝えるために協働の意味がある

①民間情報を選択編集できる意味

　子育てといった明確なニーズを持つターゲットへのガイドブックは、情報の網羅性が重要である。行政が用意しているサービスや施設、相談窓口の案内に加えて、地元の民間サービスも信頼できるものをできる限り紹介したほうが、ママたちにとってはもちろん便利であろう。

　しかし、民間情報の取捨選択は行政にはできない。情報が溢れている時代に、実はこの取捨選択の視点やセンスが最も重要なことになっ

てきているので、ここを民間に任せる意味は大きい。第三者目線で公益性もあって、且つ視点やセンスがママたちに近いという意味で、地域生活情報紙が最適だと言えよう。

②子育て世帯以外にも行政のメッセージを届ける意味

　明確なターゲットに確実に届けて中身の情報もちゃんと読ませる、ということが最重要課題ではあるが、自治体広報としてはさらに街のイメージアップにどうつなげるかも考えなくてはならないだろう。

　行政の子育て関連政策は、一般人からも注目を集めている。街のブランディングとして子育て支援は重要なファクターとなっているので、どんな支援サービスを行っているのか、どんなメッセージを発信しているのかは、子育て世帯以外にも知らせるべきである。

　前述した「ねりま子育て応援ハンドブック」を制作したご縁で、「大江戸リビング」（都営地下鉄103駅を中心に15万部設置）に練馬区の子育てを記事で紹介もした。練馬区が子育て支援にどのように取り組んでいるか、担当者のインタビューなどを通じて「思い」の部分を紹介できるのが、定期発行メディアがある強みだ。

　地元で定期的に発行しているメディアにそうした情報を提供し、子育て世帯以外にも自治体の姿勢を積極的に知らせることが重要だ。特に地域の暮らしを支える主婦に確実に届くようにすることで、その家族に、近隣にと広がっていくのである。

③近隣自治体の住民にも知らせる意味

　東京近郊のような都市圏では自治体が密に固まっているため、子育て環境のいい行政区に引っ越してしまう若い世帯も珍しくない。女性が多い当社では育児休暇を取って復帰する女性も多く、若いママたちの情報ネットワークができている。結婚すると先輩ママに情報収集を

して、保育園に入りやすいなど、子育て支援の整っている行政区に早めに引っ越してしまう例も実際にある。

　このように都市圏で働く女性は、勤務先でほかの行政区の情報もクチコミでリアルに収集できるので、子育て支援情報などは行政区を超えて広める工夫が必要だ。移住定住促進というほど大げさなことではなく、隣の区や市に簡単に引っ越されないように（あるいは引っ越してもらえるように）通勤圏内の動線上に情報を拡散すべきだろう。

　こうした面でも、定期的に発行されているメディアと協働広報することの意味があると考える。紙メディアだけでなくウェブやSNS、またクチコミ組織などさまざまな手段を使ってメッセージを届けることができるかどうかも検討してほしい。

(3) 子育て支援の協働広報の理想形？「産官学連携」

①「まつやま笑顔の子育て応援連携協定」

　地域での子育て応援の協働広報を考えるときに、自治体の規模にもよるが、実に理想的な形だと思うのが松山市とえひめリビング新聞社の例である。

　サンケイリビング新聞社で発行している月刊の子育て情報誌で「あんふぁん」と「あんふぁんぷらす」というフリーマガジンがある。幼稚園で配布するものと保育園で配布するものを分けて発行しているのだが、えひめリビング新聞社と地方出版社では、幼稚園と保育園の両園児のママ向けに「えんじぃな」という提携誌として発行している。

　創刊にあたって、松山市に協力要請し公的施設での配布協力や行政からの子育て支援情報提供を、さらに地元の大学2校に学術的な子育て情報提供や子育て相談コーナーなどへの協力を打診したところ、マガジン自体を産官学連携で創刊しようと話がまとまったそうだ。

こうして松山市、えひめリビング新聞社など５団体で「まつやま笑顔の子育て応援連携協定」を結び、定期的なマガジン発行を主体にした協働連携がスタートした。マガジンだけでなくウェブやFacebookで定期的に情報を発信し、それを「リビングまつやま」でも紹介するなど、地域内に広く拡散している。

②大学と保育現場のつながりが街ぐるみの子育て支援へ

大学側も定期的に情報発信できる場があるのは嬉しいし、学生を幼稚園教諭や保育士として送り込んでいることもあり、幼稚園や保育園とのつながりが強化できる点も歓迎された。特に園児とママ向けのイベントなどでは、学生にもブース運営で参加してもらうのだが、これが学生にとって保護者とのコミュニケーション実習の場にもなっているそうだ。

産官学連携は、多くは政策に沿って新しい技術などを事業化する際に言われることだろうが、少子高齢化対策として街ぐるみで行政施策に取り組むための連携も、もっとあっていいのではないか。このとき定期発行の情報紙誌が中心にあることで連携が継続し、街ぐるみの活動として広がっていくのではないかと思う。

(4) 子育て支援の協働広報の課題

①事業の見直しに住民ニーズの反映を

ターゲットが明確な協働広報において、ターゲットのニーズに応えられているのかを把握することは比較的容易であるにも関わらず、実際にはあまりなされていない。

子育てガイドブック制作もコストをかけている以上、議会等で常に成果を求められると思うが、そのためにもターゲットのニーズに沿っ

ているか、あるいは街のイメージアップにつながっているかを多方面から検証しておく必要があるし、編集する側もそうした声を知りたいと思う。しかし実際にはそうしたニーズ調査までは予算が回らず、せいぜいガイドブック自体にアンケートを入れておくぐらいだ。

　サービスや施設等が使いやすいか、それを案内しているガイドブックやウェブなどが分かりやすいか、近隣の行政区のサービス等で参考になるものがないかなど民間協働ならではの調査によるニーズ把握に、もっと真剣に取り組んでもいいのではないだろうか？　産官学連携で研究材料としてデータ収集する目的で行ってもいいかもしれない。

②情報提供のガイドラインの検討を

　ガイドブックを制作する際、従来のものを踏襲しつつ手直ししていく形が多い。判型や内容など、子育て支援情報の提供方法は自治体によってまちまちのようだ。最近は若いママたちに携帯してもらえるようにA5判のハンドブックサイズが主流のようだが、それも特に決まっているわけではない。

　しかし前述したように、ママたちは近隣の自治体も含めて子育て環境のいい街を探しているので、同じレベルの情報提供が望まれる。必須項目や任意項目を明確にするなど多少の配慮があってもいいのではないだろうか。これも産官学連携で学術的に研究してもらいたいテーマである。

③ウェブやSNSの活用を

　子育て世代は、今後ますますスマホでの情報接触が主流の世代になる。もちろん情報の網羅性や一覧性が重要なので冊子形態での配布はなくならないだろう。特に初めて子育てに直面するママは、情報を能動的に取りに行くほど子育てのことが分かっていないので、何気なく

目に入る冊子での情報提供が重要だ。

　だが、普段スマホを見ている時間が圧倒的に長いことは否めない。ウェブやSNSの活用を無視しているわけにはいかないだろう。冊子では一覧で済まされる施設情報などもウェブで写真や動画で紹介すれば、利用したくなる気持ちが増すことだろう。先輩ママの利用実感や評価などは新米ママにとっては心強い情報になる。

　また街の中でおむつ換えをできる場所や赤ちゃん連れでも行ける店、幼児が遊べる場所、危険な場所などを、同じママたちの目線でマッピングしていく地図をウェブ上に展開するとか、同じ街で同じように子育てしているママたちの交流の場を作って自由に情報交換してもらうなど、ママ同士の情報交換を支援することもウェブならできる。

　冊子や紙メディアで提供する情報とウェブで提供する情報、それぞれの目的を明確にしてどう使いわけていくのか、協働広報でも課題となっていくだろう。

第4章

共感を獲得する
シティプロモーション

第4章 共感を獲得するシティプロモーション

●はじめに

河井　孝仁

　第4章では、シティプロモーションを共感という視点から考えていく。

　「地方消滅」というショッキングなフレーズに煽られるように、多くの自治体がシティプロモーションに積極的に取り組み始めている。

　しかし、シティプロモーションとはそもそも何であるのかの十分な認識がないまま、進められている取組もある。さらに、シティプロモーションが何を獲得するのかを設定せずに、イベントを行い、情報誌を発行し、キャラクターを作っている状況もみられる。

　大垣弥生氏、河尻和佳子氏、浅賀亜紀子氏は、それぞれ生駒市、流山市、那須塩原市でシティプロモーションの最前線に立っている。

　藤平昌寿氏は、宇都宮市のシティプロモーションにおいて、民間側のカウンターパートの一角を担った。

　生駒市、流山市、那須塩原市、宇都宮市はシティプロモーションを最も積極的かつ論理的に進めている自治体である。

　髙橋輝子氏は広域自治体の立場から、シティプロモーションと地域キャラクターについて事例を紹介し、具体的な分析を行う。

　これらのいずれの事例・分析からも「共感」の重要性が語られる。

　編者は、シティプロモーションを「地域参画総量」を増大させる取組として定義する。

　そうしたシティプロモーションにとって、共感が必須の要素であることは、本章の記述からも明らかである。

１ 地域への愛情が、地域を元気にする

奈良県生駒市いこまの魅力創造課係長　大垣　弥生

　「まちに住む人」は、「まちを好きな人」「まちのために動く人」と同義語ではない。まちへの愛情は、暮らせば自然に醸成されるという類のものではないように思う。

　私は、生まれてからずっと奈良県生駒市に住んでいる。しかし、今の仕事に就くまでは、出身地を聞かれても「大阪です」と答えるほど、生駒を想う気持ちは乏しかった。

　11 年間働いた百貨店から市職員に転職し、配属された先は広報課。このまちで暮らす人、夢に向かって頑張る人、地域を良くしようと活動する市民団体や事業者の皆さんと話すことが日課になった。まちには多くの物語があり、まちの魅力は、そこで暮らす人たちがつくることを知った。心を通わせ、共感し、時には一緒に涙を流しながら、生駒で暮らす人を想うようになる。

　今は、公務員として与えられた仕事を全うしたいという気持ちより、多くの人とつながって、一緒に生駒を元気なまちにしたいという気持ちのほうがずっと大きい。地域づくりには終わりも特効薬もない。そこに暮らす人たちが地域への愛情を深めることこそが、地域を元気にする。そう信じて担当しているプロモーション業務の一部を紹介したい。

第4章　共感を獲得するシティプロモーション

(1)「暮らしやすさ」を発信する

　生駒市は、奈良県の北西部に位置し、近鉄生駒駅から大阪市中心部まで電車で20分という絶好の交通アクセスと、西に生駒山、東に矢田丘陵が広がる豊かな自然環境を活かして発展してきた住宅都市である。県外就業率は全国2位（2010年国勢調査）で、文字通り「大阪のベッドタウン」。時には「奈良府民」と揶揄されることもあるほど、大阪で学び、大阪で働き、大阪で遊ぶことが日常という人が多い。

　1971年の市制施行当時と比べると、現在は3倍の約12万1,000人が暮らす。しかし、順調に増えてきた人口が減少に転じるのは目前で、今後10年間の後期高齢者数の増加率は1.6倍と全国平均の1.3倍を大きく超えると推計されている。このため、まちの活力を維持するためにも、2013年から子育て世代の定住・転入促進を進めようとシティプロモーションに取り組むことになった。45年間で人口が3倍になったことは生駒をふるさとだと感じる人が多くはないことを、県外就業率全国2位は日常的にまちづくりに関わる必要のない人が多いことを示す。「地方創生」のための条件はあまり良くないまちだといえるかもしれない。

　また、行政が積極的にPRをしなくても、駅ができ、周辺に住宅地が開発されて、人口を増やしてきたまちなので、市外向けの情報発信は極端に不得意。近隣のまちのように世界遺産があるわけでも、地場産業が盛んなわけでもないので、市外から資源を呼び込むことや、市外の人とコミュニケーションするための予算を使うことにも慣れていない。事業を案内するチラシはワードで職員が手作りし、ポスターなどの広報物はデザインより安さを優先して「無駄遣い」を防止するのが当然という職場風土。初年度、広報広聴係がプロモーションのために与えられた予算は数十万円しかなかった。

(2) 生駒山の向こうにまちの魅力を伝える

　転入促進プロモーションは、大阪で働く子育て世代をメインターゲットに、生駒市の格段のアドバンテージである「暮らしやすさ」を訴求することにした。

　まず、市内の不動産販売店をまわって、生駒市は市外からどんなイメージを持たれているか、行政がどんな協力をすれば住宅が売りやすいか現場の声を聞くことから始めた。ヒアリングの結果、大阪で暮らす人たちにとって「生駒山を越えて暮らすこと」は想像以上に心理的なハードルが高いことを知る。

　「奈良県＝いなかで何もない」「生駒市＝生駒山」というイメージが強く、「大阪府民の自分が、奈良県民になることに拒絶反応をおこす人が多い」そうだ。関西有数の住宅都市であると信じて広報を担当していた身には、厳しい現実を突きつけられた瞬間であった。

　生駒市は積極的に報道機関へ情報を提供しているが、記事にしてもらっても、大部分は新聞の「奈良版」に掲載される。住宅都市としての魅力を伝える広告掲出や、交流人口の増加を目的としたイベントも実施していなかったので、転入ターゲットに生駒を知ってもらう機会が少ないことも分かった。

　ヒアリングでは「生駒は教育環境や子育て環境がいいという噂を聞くが、行政施策を知らないので具体的な説明ができない。イメージを裏付ける事業や事例を教えてほしい」と話す事業者も多かった。この声を受けて発行したのが、市の魅力や施策をまとめた定住促進リーフレット「育マチ、生駒」である。各社のウェブサイトや分譲を案内する広告に行政情報が転載されたり、駅のラックにいれてあるチラシにリーフレットが添付されたりと思わぬ効果があった。

　このリーフレットが転入の決め手になったと話す人もいて、「生駒山

の向こうにいかにまちの良さを伝えるか」という課題は、まちに関わる多様な主体が協働することで解決するのではないかと考えるきっかけになった。定住促進リーフレットは、その後も市内に住む実在の家族をモデルにした表紙で年間10,000部ずつ発行し、市内の不動産販売店等で配布してもらっている。

(3) 生駒を体感！ 定住促進バスツアー

　行政サービスを充実させるだけでは、人を引き寄せることはできない。転入を検討する際、全く知らないまちの行政サービスを調べる可能性はきわめて低く、まずは生駒市の存在を知ってもらい、訪れてもらわなくては候補にもあがらない。

　2015年は「暮らしやすいまち、生駒」を訪れ、その魅力を体感してもらうために、近畿日本鉄道㈱（以下、近鉄）、近鉄不動産㈱との協働でバスツアーを3回実施した。

　近鉄は、既存住宅の活用・流通促進を目的とする「住宅団地型既存住宅流通促進モデル事業」の事業者に選ばれており、これを推進するため、生駒市と「まちづくりに関する基本協定書」を締結している。バスツアーはこの協定に基づくもので、市内をバスで巡ったり、ランチを楽しんだりしながら、子育て・教育施策や補助金を活用した住み替え情報を紹介した。

　集客策は、近鉄奈良線、大阪線、けいはんな線の電車内に約1週間掲示した、中吊り広告1,550枚、額面広告1,230枚の効果が大きかった。本来なら高額な費用がかかる広告も近鉄との共催事業のため無料。ツアー概要の他に「公立幼稚園は希望者全員入園」「学童保育は待機なし」など、本市の子育て・教育環境を記載したため効果的な発信ツールとなった。

副市長（現・市長）がバスガイドをつとめ、ハルカスの入場券をおみやげにつけるなど盛りだくさんなメニューを用意したが、人気があったのは市内で暮らすママが生駒の良さを話す時間であった。「地域の高齢者の方が見守り活動をしてくださる。警察いらずで安心なのは、できあがったまちの特権」「学校は穏やかでのんびりしている」と実感に基づくエピソードは、参加者の心に響いたようだ。まちに住む人が、まちを推奨するパワーを感じた。

　ツアーは、「市の本気度が伝わった」「生駒に住むことが憧れになった」と好評で、販促策としても有効であったのか、2回目以降は近鉄不動産が主体となって進めてくださり、行政は当日参加して説明をするだけであった。

(4) まちへの愛情と参画の関係

　2013年、生駒市市民活動推進センターが「ママの一歩応援講座」を実施した。これは、マーケティングの知識を学びながら、生駒市のご当地弁当を商品化するという事業である。30代～50代のママたちが、約半年間、ディスカッションと試作を重ねて完成したお弁当はわずか20分で売り切れ、大成功に終わった。

　その後、受講生とグループディスカッションする機会を得た。講座前は行政とのかかわりがなかった女性達が「お弁当を作るにあたって、生駒のことを初めて一生懸命調べました。生駒を知ると、生駒が好きになりました。好きになったら、生駒のために何かしようと思いました。今まで、まちのことは市役所の人がやったらいいと思っていたけれど、私たちもかかわって一緒にまちを盛り上げることが必要なんですね」と発言されたことが印象的であった。

　まちへの愛情は参画意識の醸成につながる。受講生の何人かは、親

子で参加できる手作りワークショップのイベントを開かれたり、地域のマルシェに参加したりと、事業終了後も積極的に活動されている。

　定住や転入促進のためのプロモーションといえば、医療費の無料化や住宅手当の補助など、金銭的負担を軽減する行政サービスが思い浮かぶ。しかし、歳入が潤沢にあるわけではないのに、補助金合戦だけを続けていては、他の行政サービスにひずみが出るだろうし、持続的な施策とはいえない。また、行政が一方的にサービスを提供するだけでは、まちへの愛情や参画意識は培われないだろう。

　過去2回、転入者に実施したアンケート調査では「転入の際、行政サービスを調べた人」は3割に過ぎなかった。生駒市は、交通アクセスの良さや、まちのイメージの良さで選ばれている。金銭的なサービスを訴求するよりも、憧れ、期待される地域づくりを進めるほうが、人を引き寄せる力がつき、まちの人にとっても幸せなことではないだろうか。

　生駒市民の6割は、まちのイメージを「自然や緑の豊かな住宅街が広がるまち」（2015年市民満足度調査）と答えている。これは、大阪のベッドタウンといわれる多くのまちに共通するイメージであり、生駒ならではの魅力を言語化できているとは言いがたい。また、1割の市民は「わからない」と答えている。

　まちの魅力を語れない人が多いまちよりも、ご当地弁当を作ったママたちのように、まちを好きになり、魅力を生き生きと話せる人が多いまちは発信力が強い。それだけでなく、まちを想い、まちのために動く人を増やしていく継続的な取組は、着実な地域づくりにつながる。つまり、シティプロモーションは定住人口を増やすことではなく、地域を元気にする取組なのである。この考えを基にして、生駒市のプロモーションの成果指標は、①生駒市に住んでいることに誇りを持つ人の割合、②生駒市への居住を人に薦めたい人の割合を5年間で3％ずつ向上させることに設定している。

(5) 市民PRチーム「いこまち宣伝部」

　生駒には、まちのために何かしたいと思いながら、きっかけを見い出せずにいる30～40代が多いように感じていた。この層に働きかけるため、市民PRチーム「いこまち宣伝部」を立ち上げ、まちの人といっしょに生駒の魅力を発信することを開始。初年度は、「1分間CM制作チーム」と「市公式Facebookチーム」の二つのチームを運営した。

　生まれ育ったまちを盛り上げたいという人、魅力が分からないから見つけたいという人。参加の動機はそれぞれである。

① 1分間CM制作チーム

　CM制作チームのメンバーは18歳～49歳。会社員、小・中学校の教員、大学生など職業も年齢もさまざまな15人が集まった。

　まちの魅力の見つけ方や取材方法などを3回の講座で学んでから、3グループに分かれて撮影を開始した。「生駒の魅力を伝えよう」と同じ目標に向かって活動する様子は、まるで大人のクラブ活動であった。夏の暑い時期にもかかわらず、予定していた延べ18時間以外にも自主撮影に励み、170人以上の声を集めた。活動を続けるうちに、今まで当たり前だと思っていた自然、風景や馴染みのお店がまちの魅力そのものだと気づき、シビックプライドの醸成につながる効果もあった。

　できあがったCMは、生駒の自然、子育て環境、温かい地域コミュニティの3つを訴求。2015年11月7日～2016年2月5日の3か月間、大阪府下3か所の映画館で上映し、期間中約73万人が視聴した。このCMをメイキング映像ともに動画にし、リンク先のQRコードを印刷した2万枚の市オリジナル年賀状は3日間で完売した。

② Facebook チーム

　Facebook チームのメンバーは20歳〜40歳代の女性10人。プロカメラマンによる写真講座や編集者による文章講座など5回の講座を受講し、市公式Facebookページ「まんてんいこま」を市職員と共に運営している。無報酬の活動であるが、積極的に取材に出向き、生駒で暮らし、働く人を「イコマニヨンズ」として紹介したり、地域で愛されているお店を紹介したりと多様な視点で生駒の魅力を発信する。

　メンバーは、宣伝部の活動をこう語る。

　「心掛けているのは、お店も場所も"人"に着目して取材すること。その人がどう考え、どう生き、どうまちとかかわっているのか。何気ない会話から紐解いていくのが、とても楽しいです。『まちを作るのは人』という広報広聴課の理念にも強く共感しています。宣伝部に参加しなければ、こんなに真剣にまちの人を知ることも、考えることもありませんでした。以前よりずっと生駒が好きになりました」（広瀬志麻さん）

　「活動するなかで気づいたことがたくさんありました。大好きなたこ焼き屋さんが、たくさんの方の思い出の場所でもあること。桜が咲くのを待ち望む人たちの間で交わされる温かいやりとり。毎年アーケードにやってくるツバメを大切に見守る人の存在。それは、どこにでもある風景かもしれません。でも、その何気ない日常や人々の生き様に目を向け、共有することで、自分が感じたまちの魅力が自分たちのまちの価値へと引き上げられた気がします。今では友人に「どんだけ、生駒のこと好きなん！」と突っ込まれるほどです」（山田恵子さん）

③「魅力創造者」としての自覚と広がる活動

　市内の中学校で美術教師をする部員は、この活動を経て、「生駒の魅力を紙粘土製の和菓子で表現する」授業をした。生徒たちは自分たち

が暮らすまちを見つめなおし、市内の公園に咲く梅の木や紅葉の中を走るケーブルカーなど、日常性格をモチーフにした約160種類の和菓子ができあがった。

別の部員は、テレビの料理番組に出演の際、「いこまち宣伝部だから」と生駒の特産品を使ったメニューを開発。見事、プロの料理人との料理対決に勝利した。そのときのメニュー「生駒丼」は市主催の料理教室でも作られている。まちのために自分ができることを考え、行動をおこすきっかけになったのだとしたら、「いこまち宣伝部」は成功である。

2016年はFacebookチームの2期生と、未来に残したい生駒の魅力を伝えるフォトブックチームに分かれて活動している。毎年、関わるツールを変更しながら、まちとのコミュニケーションポイントを提供し続けたいと考えている。

(6) まちを大切にすることは、自分自身を大切にすること

2016年3月まで、シティプロモーションを担当していた広報広聴係は月に2回、広報紙「いこまち」を発行している。単なる情報発信にとどまらず、まちへの参画につながる事業を大きく扱い、地域づくりにつながる広報を心掛けてきた。多様な分野で活躍されるまちの人と関係を築きながら、まちの物語を伝えることを大切にしていたことが、「共感」や「協働」をキーワードにしたプロモーションを進める大きな要因になった。

プロモーション用に作っているショートムービーも、まちで輝く人にスポットをあてることを重視している。商店街で開催されたファッションショー、ママさんブラス「いこママブラス」が開催した「親子のためのファミリーコンサート」、子育て中の女性3人が企画し、食べ物や

クラフトなど約60店舗を集めた手作り市「こま市」……。出来上がった動画を見た主催者からは、「より一層生駒を盛り上げるためにがんばりたい」「ささやかながら、生駒の一員であることに誇りを感じた」という声をもらった。

　ベッドタウンの生駒市で、どっぷりとまちづくりに関わる人を増やすことは、おそらく難しいだろう。しかし、イベントに参加したり、地域の誰かの夢や希望を応援したりと、軽やかにまちと関わる機会を増やすことは可能である。そんな経験を重ねると、生駒で暮らす意義や役割意識がなんとなく芽生えてくる。そして、住んでいるまちや共に暮らす人を大切にしたくなる。

　まちを大切にすることは、そこで日々の営みを繰り返す自分自身を大切にすることに他ならない。つまり、まちとかかわれば、自分自身の幸福につながるのである。転入者を増やすことよりも、まちにかかわって幸せになる人を増やすことが、生駒市の地方創生の姿ではないかと考えている。

　シティプロモーションの業務は2016年4月に新設された「いこまの魅力創造課」へ移管され、引き続き担当している。まちに仲間を増やし、庁内連携、企業や大学との連携も進めながら、魅力を創造し、みんなで元気なまちをつくっていきたい。

❷ 共感はシティプロモーションを進めていく

流山市マーケティング課メディアプロモーション広報官
河尻　和佳子

　流山市は2004年に基礎自治体では初めてマーケティング課をつくった。自治体にも"経営"の視点が必要だという井崎市長の考えである。今の流山市があるのは、この視点があったからこそと言っても過言ではないと思う。その後、2009年にマーケティング課内に、情報発信を強化する目的で、シティセールス推進室（現在はない）ができた。

　まちを売り込む、シティセールスとして、とにかく流山市の知名度を上げればいいのだと、まちの中のことには目もくれず外向きの発信に専念していた。もちろん、市外への発信は必須である。認知度が低ければ、住む場所の選択肢や訪れるきっかけにならないからだ。メディア掲載件数が増えて、「最近、流山市いろいろ出ているね」と言われ、大成功と喜んでいた。しかし、まちの中はそれらに無関心に近くて、当時、かなりの大きさでギャップがあったように思う。

　シティプロモーションには、まちに住んでいる方々へのアプローチが欠かせない。まちの中へアプローチをしたところで、シティプロモーションにならないのでは？　と思われるかもしれない。それが、なるのである。まちの思ってもみない魅力を深掘りできたり、あらたな取組が始まったりと、外向きに発信できるコンテンツが飛躍的に増えた。そして、住んでいる方々が独自にまちの魅力を多様な切り口で宣伝してくれるようになった。そして、今回のテーマである共感はシティプ

ロモーションを進めていくうえで、大きな原動力になる。これは、まちの中だけではなく、外の人たちとコラボレーションをするときにも力を発揮する。

　以下、流山市で試行錯誤しながら行ってきた内容について紹介させていただきたい。

(1) スペックだけではないまちの魅力

　住む場所を検討する場合、たとえば首都圏に近い、おしゃれなお店が多い、大きな公園がある、自治体の助成制度が充実している等で、魅力を感じることはあるだろう。だとすれば、首都圏エリアで商業集積度の高い、そして財政的にも潤っているまちが有利だから、そうでないまちがシティプロモーションなんて、意味がないのではないか、知名度もイメージもそれほど高くはなく、目立った観光資源も少ない流山市はなんて不幸なのだろうと、シティプロモーションを始めたときは嘆いていたものである。

　ところが、流山市は人口が増え続けており（10年で25,000人ほど）、シティプロモーションの好事例として話題にしていただくことが多い。確かに都心に近く、緑も多く、子育て環境の整備もしているが、他首都圏エリアと比べて突出して優れて差別化しているとも思えない。流山市を選んで住んでいる方が、まちに魅力を感じるのは備わっている環境や条件といった、スペックだけではないのかもしれない。そこで、市に転入された方々に、市の魅力についてヒアリングしてみた。「他の地域にはない将来性を感じる」「住んでいる人が穏やかで親しみやすそう」等、まちの独自性や人に関わる項目が多くあがった。まちの「らしさ」が魅力になるのだとしたら、まちの中に自ら飛び込んで行って、知識だけで知っているつもりの「らしさ」から、実感のこもっ

た「らしさ」を発見するしかない。

(2) 流山「らしさ」について 〜〜〜〜〜〜〜〜〜〜〜〜〜〜〜〜〜

　「らしさ」を構成する流山市ならではの魅力は複数あるが、それらを全部並べても、何でもありのフリーマーケットのようにインパクトに欠ける。限られた人員、少ない予算のなかで、「らしさ」を絞って強いものにする必要があった。流山市は首都圏に勤務するファミリーが住む都市として発展してきたため、"人"はまちを構成する重要なファクターである。

　そして近年、30歳～40歳前半の子どもを持つファミリー層の転入が多いという、他ではない特徴を活かして、その年齢層の人を流山「らしさ」のアイコンにすることにした。そして、情報感度が男性に比べて高く、横のつながりができやすいと言われる女性、つまりは流山に住む母親たちと濃い関係性をつくり、流山「らしさ」を見つけることに決めた。

(3) スイッチを入れるには 〜〜〜〜〜〜〜〜〜〜〜〜〜〜〜〜〜〜

　30歳～40歳前半の母親とリアルに親しくなる機会は、実はあまり多くない。流山市と市民の方が対話する場であるタウンミーティングは、若年層の出席割合は少ないし、子育てサロン等の親子が集まる場は、そもそもの目的が異なり、ゆっくりと話をしたり聞いたりする余裕がない。そして推測ではあったが、行政から個人の母親にアプローチするとどうしても構えられてしまい、素の部分で関係を築けないのではという心配もあった。まちに興味関心があり、関わることができる"スイッチの入った"母親の協力者は、どうやったら見つけられるのだ

第4章　共感を獲得するシティプロモーション

ろうか。

　答えを見つけられないながらも、まずは市内の母親3人とプロジェクトを立ち上げることにした。その名は「そのママでいこうproject」。子育ては大変、大変ってネガティブに言われることがあるけど、本当？　子育てを経験することによって、母親はそのままで優秀なプロデューサーのようなスキルを持っているのでは？　だったら、そのスキルを活かして、まちで子育てだけではなく自分のこともポジティブに楽しもうよというコンセプトで活動を始めることにした。プロジェクトメンバーとなった母親3人は、このコンセプトに共感して参加することを決めたので、共感がつながるためのカギになることはわかっていた。プロジェクトの活動で、共感 → つながる → "スイッチが入る"というきっかけを作ることができればと考えた。

(4) 場所さえあればいい

　プロジェクト初開催は2014年の夏、母親たちの情報交換飲み会「そのママ夜会」である。屋外イベントと同時開催することによって、ついでに寄る感覚でリラックスした気持ちで参加できるように工夫した。すでに、まちで自らのスキルを活かして活動している母親5人をパネリストに迎え、まちで自分らしく輝くには？　をテーマとして飲みながら話す会である。参加した母親は20名ほどに絞ったが、想定以上のつながりが生まれることになった。「自分のやりたいことを人に話したのはこれが初めて」「何かやりたいとモヤモヤしていた」という声。その後、参加者同士で連絡をとりあい、ランチ会を開き、自分の夢を語るという企画までひとりでに動いた。

　そして秋には、まちの課題に紐づけた自分の夢をプレゼンして企業とマッチングを行う「そのママ夢Party」を続けて開催することにし

た。大勢の前で、自分の夢をプレゼンする母親なんてゼロではないかと、企画前は相当心配したが、13人の母親が見事に自分の夢を大勢の企業の前で語ることになった。

　世代間交流ができるコミュニティスペースをつくりたい、親子で楽しめるディスコイベントを地元で開催したい等、今まちにないものを自分たちでつくりたいという熱い想いがそこにはあった。実は、このプレゼンに参加した母親たち、そしてプレゼンを聞きに来ていた母親たちは現在でもつながっていて、企業とコラボレーションしたり、創業したり、プロジェクトを立ち上げたりしている。自分のスキルを活かし、周りの人たちも巻き込みながら、まちでさまざまな活動を続け、以前ヒアリングで得た市の魅力である「他の地域にはない将来性を感じる」を体現している。これは、行政だけでは決してつくることのできなかった、まちの魅力である。そして、それを発信することによって、メディア等に取り上げられ、その反響に市民が喜び、まちの外からも問い合わせや相談がやってくるといった良いサイクルが回ることになった。当初の目的であった"スイッチの入った"協力者候補は、潜在的にたくさんいて、場所やきっかけを用意するだけで発掘できるとわかった。しかも行政側で、わざわざスイッチを押さなくても、人を介在してスイッチがオンになるものだということも。

(5) 5→7　7→9の戦略

　「そのママでいこうproject」の活動を続けるなかでわかったことは、まちに興味関心が芽生えた人と、まちで実際に何かを始める人はイコールではないということである。実際に動くには、また別のモチベーションも仕掛けも必要になる。前述した、母の情報交換会「そのママ夜会」は、まちへの興味関心を引き出すため、そして夢プレゼン大会「その

ママ夢 Party」は実際に動き出す背中を押すためで、目指すべきゴールは異なる。それを混同して、母に関する企画だからとまとめれば失敗する。

そこで、まちを好きな尺度を10段階にした場合に、好きでも嫌いでもない評価5の人を、"結構好き"の7に引き上げることと、もともとまちを結構好きの7の人を、"大好き"の9に上げるための取組を分けることにした。これが名付けて「5→7　7→9の戦略」である。まちが大好きな、9の人は、独自にまちを宣伝してくれる"大使"のような存在なので、この人数を増やしていくと、市内外への魅力発信力も強まることになる。事実、流山市にもその典型のような子育て中の女性がいて、彼女のすすめで転入を決めた家族が複数いる。

流山市では、毎年首都圏の駅に横3メートルほどの大きさで「母になるなら、流山市。」というコピーでポスター広告を掲出している。首都圏向けに、流山市の認知度を向上させるのが第一目的だが、同時にまちを"大好き"な9の人を増やすことも狙っている。昨年は、市内在住の自分らしくまちで活動している母親5人をモデルにしたが、"市の顔"となることで、まちを大好きになり、市のことをもっとよく知らなければと思うようになるのだ。

(6) 人を動かすのは、やはり共感

まちの外へのアプローチについても述べたい。今まちにないものを生みだしたり、さらに魅力を増すために課題を解決しようとするときに、まちの中だけでは難しいこともたくさんある。そのときは、市外の企業や団体と積極的に手を組むべきだと思っている。ひとつのまちのなかでできることにも限界があるし、お互いの強みを活かすことによって何倍にも相乗効果が期待できるからである。そして、協定という今

ある仕組みにこだわることなく、お互いの課題の解決になるような手の組み方を模索してオリジナルなコラボレーションができれば理想である。

　そうはいっても、夢のような企画を実現させる十分な予算があるわけではない。しかし、お金がないからできないわけでもないのである。目指すべきゴールに向かって、手を組みたいところと夢を共有して共感できれば、実現できることもある。たとえば、流山市で2012年、2013年冬に行った流山おおたかの森駅前階段でのプロジェクションマッピング。今でこそ、各地で実施され知名度が上がったが、初年度企画の時点では国内の実施事例は2件しかなかった。しかも実施するには、予算が足りるとは思えなかったが、流山市でチャレンジングなプロジェクションマッピングを行う意義を共感してもらうことによって、不可能と思われることが実現可能となった。お金は必須ではないかもしれないが、夢は見ないと始まらない。そして、その夢に対する熱を共感に変えることである。

(7) 課題と展望

　今後の課題は2つある。それぞれ、共感を意識しながら行っていきたい。

　1つめは、流山市ブランディング。現在行っているさまざまなシティプロモーションのその先に、流山市に今住んでいる方々には"ずっと住み続けたい"、流山市外の方には"流山市に住みたいと憧れる"ようなブランドづくりをしていきたいと考えている。ブランドは一朝一夕に出来上がるものではないので、長く継続した取組になるだろう。

　2つめは、インナーコミュニケーション。市内外にはまちの魅力の情報発信量を増やすことができたが、役所内職員の気持ちを"上げる"

仕掛けはまだ十分とはいえない。まちのために働く職員こそが、幅広い知識を持っていきいきと働けないと、まちは楽しくならないと思うからである。

　シティプロモーションは、市内外に関わらず、人や団体、企業などとの対話によって共感を生んで掛け合わせていく、編集のような取組、時間と労力がかかる割には地味な"泥臭い"仕事だ。そして、これで完璧という終わりはない。

　人同士のことなので、正直大変なこともあるが、まちを舞台にして、自分らしくスタートをきる姿に立ち合えたり、その魅力が外に発信されるのを共に喜んだりできるのは、この仕事ならではの醍醐味であり、やめられない。ぜひ、これをお読みいただいているみなさんもこの世界に足を踏み入れて、一緒に楽しさを実感できればと思う。

3 すべてが当事者になるシティプロモーション

帝京大学地域活性化研究センター　藤平　昌寿

　シティプロモーション。無理やり訳すとするならば、「街を販促する」であろうか。販促とは販売促進なので、とあるモノやサービス等をより買ってもらえるように促進する活動、という解釈ができる。ここに、販売者（売り手）と購入者（買い手）という関係が存在する。

　さて、シティプロモーションの売り手と買い手とは一体誰だろうか？　役所と市民？　首長とメディア？　域内住民と域外住民？　どれも当てはまりそうな気もするし、外れているような気もしないだろうか。いや、それ以前に、そもそも一体「何」を売っているんだろうか？　答えは「地域の情報」そのものである。その地域の良いところを前面に押し出し、行ってみたい、住んでみたい、もっと軽く言えば「話題にしてほしい」というところでもあろう。

　ここで言う話題とは、メディアで取り上げられる高いレベルではなく、「日常会話のなかで出てくるレベルの話題」である。話題頻度を促進すると何が起こるか？　いわゆる「口コミ」である。口コミは直接的な会話や、やり取りだけでなく、ネット上のさまざまなツール、たとえばSNS（ソーシャル・ネットワーキング・サービス）を介して「拡散」することが期待される。もし上手く拡散し、その内容が受信者にとって有用であれば、その地域への来訪や消費・居住への行動も促され、プロモーションとしては一定の効果を得るであろう。

　話を元に戻すが、誰が誰に対して街をプロモーションするのか？　答えは「その地域を好きな人々」が「それ以外の人々」に向けてであ

る。つまり、地域に愛着ある人々が売り手で、それ以外の人々すべてが買い手である。愛着があれば、一般の市民でも、あるいは域外住民でさえも売り手となり得る。反対に、たとえ首長や自治体職員であろうと、愛着が薄ければ、売り手には絶対になり得ないわけである。さらに言えば、買い手であった人々がやがて愛着を持つことにより、売り手に転化することも期待できる、というよりも、それすらも織り込んでのプロモーション施策が実行できるならば、相当完成度の高いものとなるであろう。

(1) 個人同士が多様に共感し合える場づくり

前述の考えはネットオークションやフリーマーケットに近い感覚だろう。個人レベルでお気に入りの品物を出品して、買いたいと思った人が購入する。そこには何が存在するか？　いわゆる「共感」である。金銭のやり取りこそ発生するが、大量生産ではないものを購入したいと思う要素の1つに「共感」は間違いなく存在するであろう。

翻って、シティプロモーションではどうだろうか？　個人レベルで日常的に発せられる話題の一つひとつが「出品物」、それに共感を覚えた聞き手はその話題に賛同という形で「購入」、さらにその購入した話題を今度は売り手として別の場所での口コミという「再販」、そして共感を拡散していく、というフローを描くことができよう。

さて、これらの話から、個人レベルのアクティヴィティ（＝言動）が、シティプロモーションでは重要であることが認識いただけたかと思う。では、シティプロモーションを推進する自治体や首長らは何をしたらよいのであろうか？　敢えて言うならば「ファシリテータ」に徹することである。

ファシリテータとは促進者・援助者などと訳され、ワークショップ

の進行役などにも使われるが、いわゆる「場づくり」を支援する役割を持っている。後述するさまざまな場面においても担当部署は、売り手＝地域を愛する人々の自発的・創発的な動きを促し、支援することに徹して、その時々での効果的な「場」の雰囲気を創ることにより、将来的に部署を離れることになっても（職員も首長も議員もいずれはその役から離れるのである）、売り手の想いを綿々とつなぎ続けることができる。

　自治体は、後述するいくつかの観点を念頭に、個人同士が多様に共感し合える場づくり＝ファシリテーションを行う必要がある。

(2) シティプロモーションに公式は無いが、答えはある⁉

　いきなり絶望的な話かもしれないが、「これをやれば間違いなし！」といったような方程式はシティプロモーションには残念ながら存在しない。たとえば「子育ての街」で成功した他地域の例があるので、おらが街でもやってみよう！といって成功する例はほとんど無いだろう。たとえ人口構成や生活環境がそっくり似ていたとしても、である。では何が成功地域と違うのだろうか？

　少し話は飛ぶが、シティプロモーション活動を時系列で考えると、「過去」「現在」「未来」という、大きく３つに分けられる。シティプロモーション活動初期において重要なのはどれだろうか？　将来のことを語るのだから未来、と答えるのは早計である。むしろ過去に注目しなければならない。それは何故か？。さらに話を飛ばすが、もし、あなたが見知らぬ場所を訪れた時、そこに住んでいる人々の愛着を感じるのは、どんな場面だろう？　仕事の会話やどこでもできるような会話などから愛着を感じることは、かなり難儀な話である。一番分かりやすいのは、その土地の昔の話を何気無く話してくれる時ではないだ

第4章　共感を獲得するシティプロモーション

ろうか？「この辺りは昔○○があって云々…」「この名物は昔○○という人が云々…」というような話題が、タクシーの運転手や土産屋の店員からではなく、普通のまちの人からサラッと出てくるような街は、よく見ると歴史遺産を大事にしていて、既にプロモーション要素があちこちに転がっているように感じることが多い。恐らくは、地域の昔の話（＝地域情報）をあらゆる形で次世代に語られて（＝歴史教育）いるのではないかと推測される。

この場合の教育とは学校教育だけでなく、地域や家の人が語り継ぐ、或いは大人向けのレクチャー等も含まれる。変わった一例として、栃木県那須塩原市の「那須野の大地」という演劇スタイルもある。演じられている旧西那須野町地区は明治の開拓地が多く、開拓使の大変な苦労を演劇化し、毎年同じ内容を市民が熱演している。演じる市民は毎年変わるが、その中に新しい若者が毎年入ってくるということである。内容は同じだが演者が変われば、演じる側も観る側も代謝が行われ、中身を知る人は少しずつ増えていく。これもある意味、地域歴史の教育である。

実は長い目で見ると、この地域教育はプロモーションを行う上で非常に重要であり、教育する内容（情報）があればまだ良い方で、無い地域はそれを発掘する作業から始まる。実はこの発掘作業こそが既に教育活動でもあり、やがて「現在」を補完し、「未来」への確かな道筋を照らしてくれるプロモーションの強力な武器となるのである。

だいぶ話は逸れたので元に戻すと、生活環境が類似している2つの街、何が違うのかと言えば、恐らくは「過去」の歴史が違うはずである。たとえば「出世の街　浜松」。浜松と同じような規模や環境の街は他にもあるだろうが、だからと言って出世の街は使えない。過去の歴史が違うからである。「そんなの当たり前だ」という感覚の持ち主はまだ良い。意外とここを見落として、「この街の良い所をみんなで出し合

いましょう」という作業だけをしてしまう例はないだろうか？　もちろん、この作業は必要である。だがこれは時系列上では概ね「現在」の話である。現在の要素は他地域にも存在するものも多く、独自性を持たせるために「過去」の情報が不可欠なのである。いわゆるバックストーリーである。

　それぞれの地域における過去の歴史や遺産などは千差万別であり、そこに一定の公式は存在しない。しかしながら、過去に補完された現在をしっかりと認識した上で、将来どんな街にしたいのかを見据えることができれば、答えを導くことはさほど困難なことではないだろう。

(3) 教育「されやすい」環境に

　先に地域教育の話をしたが、地域教育は地域の歴史だけではない。あらゆる地域情報が対象であり、それらを「受信しやすい」環境が必要である。

　学校教育・社会教育のほかにもメディアの影響も大きいところであり、たとえば、あなたの地域で地元の情報がメディアからどれくらい流されているだろうか？　筆者の地元は栃木県だが、幼少期のメディアはテレビが大勢を占めており、そこから地元の情報を得ることはほとんど無かった。

　なぜならば、いわゆる首都圏キー局エリアであり、ニュースや地域情報はほとんど東京発だったからである。それが当たり前ではないと知るのは、随分と大きくなってからであった。ある意味、地域教育の機会損失だったわけである。まちづくりの現場に関わるようになって、思いきり痛感させられた事象である。

　現在のメディア環境は当時と大きく異なっており、ソーシャル化・パーソナル化の双方を併せ持っているので、なかなか難しい面もある

が、むしろメディアも地域特性があるものだと発想を切り替えて、地域教育環境を整えるのも一つの手である。

(4) 時系列と地域参画総量

　シティプロモーション活動の評価指標の一つとして、本書の編者でもある河井孝仁氏が提唱する地域参画総量がある。当該地域において、域内外の市民がどのくらいその地域を推奨したいかを指標化するものであるが、時系列的視点も非常に重要である。

　筆者は過去の地域資源（有形無形問わず）を「地域エピソード」、将来にわたる推奨活動を「地域レコメンド」と定義し、これらの関連性について注目している。前章の話から、エピソードは現在の地域資源を補完するバックストーリーの材料であり、レコメンド量はすなわち地域参画総量となる。言い換えれば、現在は過去に補完され、未来は過去と現在に補完されている、というわけである。

　評価・指標というと、他地域との比較やランキングをイメージされる方も多いかもしれないが、地域参画総量という指標はそのような観点で使われるべきではなく、むしろ当該地域での変化量に着目すべきであると筆者は考える。つまり、一定の期間中にどれだけ総量が変化したか、という観点である。その変化は過去のプロモーション活動の成果である可能性が高く、プラス方向の変化であれば、地域民の自信へと繋がる。

(5) 100年先でも話せるメッセージ・ストーリーを

　過去のエピソードや現在資源の発掘にあたり、市民の力を借りるのはもちろんであるが、その際のファシリテートとして「多様な視点を

尊重し、否定しない。」という留意点がある。「100人中99人が見向きもしない資源でも、1人が着目すれば、それは立派な地域資源」ということである。

あくまで市民から出てくる視点や意見からブランドメッセージを創り上げていくのが筋であり、行政側が事前に想定している内容にコントロールしていくなどということは決してあり得ない。むしろ自治体職員も（首長や議員も）、この時は一市民として平場で発掘作業に取り組むべきである。

エピソードや資源が出揃ったら、それぞれについて「どれだけ語れるのか」を確かめる。発掘者・発見者が語るも良し、他の人が語るも良し、1つの資源に対していくつもの視点が出てくればなお良しである。この作業自体も参加者にとっては教育活動の一環となる。

次は将来に向けてのストーリー作りである。ペルソナを設定しても良いし、前段の語りの段階である程度見えてくる場合もあるだろう。まだストーリーを一本化できなくても良く、いくつか並行したストーリーがあっても良い。たとえば、後で観光や移住戦略などを作る際にこれらのストーリーはいくらでも活用できるからである。

ここまで来てようやくブランドメッセージの設定に入る。この段階では、過去 → 現在 → 未来の流れが見えているはずなので、いきなりメッセージを作成するよりは、「こんな街になって欲しい」の合意形成は比較的ハードルが低くなるはずである。

ここでできる限り先の未来まで使えるメッセージを設定することを推奨する。この方が、さまざまな施策がぶら下がりやすく、語る機会が増えるからである。

筆者が7年間活動していた栃木県宇都宮市のブランド推進協議会では「住めば愉快だ宇都宮」というブランドメッセージを策定した。一見、地域的特徴の無いようなメッセージであるが、普遍的なメッセー

ジであるが故に、さまざまな施策に「愉快○○」というようなネーミングを付けたり、「なんで愉快なの？」という問いに対して話す機会が増えたりした。そして、施策が続けられれば、100年経っても利用可能な普遍性を逆に備えているということでもある。前述の浜松市の「出世の街」や福島県会津地域の「極上の会津」などもその類と言えよう。

(6) 共感は当事者感覚。市民も行政も自分事に。

　共感をテーマにいくつかのトピックを紹介してきたが、シティプロモーションの目標の1つに、関係する人々が全て当事者感覚になることが挙げられる。行政も、首長も、議員も、プロモーションに関わる市民も、そして、メッセージを受け取る人々も、である。「自分事（じぶんごと）」として考えられる人が居れば、この活動は形を変えながらもモチベーションを維持できるはずである。

　シティプロモーション関連で担当課職員からよく聞く話として、「市民は協力的な人も居るんだけど、庁内がなかなか冷めてて…」というものがある。前述からすると、その時点でモチベーションを挫かれる話でもあろう。いわゆるインターナルコミュニケーションの問題である。

　特効薬的な解決法があるわけではないが、たとえば、若手職員有志をチームに引き入れ、スポークスマンなどとして前面に出すことにより、庁内の理解を得るような発想で成功している地域などもあるので、ある種、担当職員の熱意と勉強と俯瞰的視点で乗り切っている例は多く見受けられる。そして何より、サポートしてくれるさまざまな人々との関わりや活動そのものを純粋に楽しめる職員の姿が印象的である。

　筆者自身も楽しみながら、今後も各地のブランディングやシティプロモーションに関わっていきたいと思う。

❹ チャレンジと応援で つながるまち

栃木県那須塩原市職員　浅賀　亜紀子

　これは、栃木県那須塩原市が、定住移住促進のために地域ブランドメッセージを創作し、シティプロモーションを展開している内容について紹介するものである。那須塩原市は、地域ブランドメッセージ「チャレンジing那須塩原」を市民と創作し、子育て世代をターゲットに戦略的な広報活動を展開している。

(1) 地域ブランドメッセージづくり

　那須塩原市は、シティプロモーションを始めるにあたり、旗印となるメッセージが必要であると考え、市民と創作することにした。

　市内で活動する団体の若手市民と職員が、6つの班に分かれブランドメッセージづくりを行い、そのうちの1つ「暮らすリゾート」が優秀であると評価された。那須塩原市は、大正天皇の別荘地を抱えた温泉郷を有し、今なお年間約1千万人が訪れる保養の地である。また、空気や食べ物も美味しい上に、庭付きの住宅も広いのは確かである。

　しかし、「暮らすリゾート」は、シティプロモーションを展開するにあたり、「市民がリゾート暮らしと自慢しにくいのでは」という声が上がっていた。

(2) 市民が共感できる魅力を探すために

　地域を売るというのは、他の地域にはない、差別化できる魅力を選定し訴求することである。その魅力に添えるストーリーを揃えることで、地域の強みをアピールできると考えていた。しかし、そのストーリーを市民が共感できなければ、ただのセールストークに留まり、地域のブランドになり得ない。そこで、共感の糸口を探すため、市内の魅力ポイントを巡るフィールドワークを行った。

(3) 魅力サイクルを見つける

　「素敵な場所には、素敵な人が必ずいる」その素敵な場所を創っている人に会い、夢が叶うまでの道程を数々聞いて回った。その話の中に共通点を見出すことができた。素敵な場所を創っている人は、移住者が多く、その大半が「挫折しそうになったとき、地域住民が支えてくれたのだ」と感謝の弁を語っていた。移住者は、夢を抱きこの地に入り、市民はその移住者の夢を支えていることを知った。これが、魅力創造サイクルの1つであると知り、「チャレンジする人」と「応援する人」とのつながりこそが、わがまちの「宝」であると、たどり着いた。地域ブランドメッセージは、市民が日々の生活の中で大切にしている想い（開拓精神）を言葉に表現したアイデンティティであり、新たに創り出す言葉ではないのだとフィールドワークを行って知った。

(4) チャレンジと応援がつながるまちであり続けるために

　那須塩原市地域ブランドメッセージ
　　チャレンジing那須塩原　～一歩踏み出す人を応援するまち～

「立ち向かうユウキ」「乗り越える強いココロ」「切り拓くチカラ」
僕らは、先人からフロンティアDNAを受けついでいる。
だからこそ、新しい世界に挑み、チャレンジする人を応援できるのである。

　この地域ブランドメッセージのメインコピーとサブコピーは、市民が「チャレンジする人」または「チャレンジを応援する人」のどちらかに当てはまるように設計し、多くの市民が自分事化できるように工夫した。そして、どちらにも当てはまらない無関心な市民を減らすことを目標に掲げ、ビジョンと戦略を示している。

(5) 地域の魅力を語る「きっかけ」

　地域ブランドメッセージを「チャレンジing那須塩原です。」と、説明したときよく聞かれる質問がある。「どうしてチャレンジなのですが？　他の自治体だってチャレンジと言えるから差別化できないのではないですか？」と。そのとき、語り出す決まり文句がある。「那須塩原は、先人が那須野ケ原の荒野に広大な"那須疎水"を築き上げ、発展した開拓精神が溢れるまちなのです。」と。このチャレンジing那須塩原は、市民がまちの魅力を語り始める"きっかけ"となり得るメッセージなのである。

(6) 定住移住は、ターゲットと地域のマッチングである

　シティプロモーション談義でよく耳にする説がある。それは「ターゲットに合わせて魅力を選定し届ける」というプロセスである。このターゲットに訴求する魅力の選定に「落とし穴」が潜んでいると感じ

ている。ターゲットが「高評価する」「欲する」「人気のある」等の魅力だけを選定することが、地域のためにならないことがあるからである。それは、売り込む施策や言葉で集まる人が決まってしまうからである。

たとえば、都会に住む子育て世代に「リゾート暮らし」と売り込み施策をアピールすれば、「多くの家族が観光で体験したリゾートを日常的に体感できる」と想像するであろう。しかし、観光ではなく暮らすとなれば、リゾートのような時間を過ごすことばかりではないのである。

ここで、市民が求める移住者像を忘れてはいけない。市民は、「自分たちと一緒にこの地域を創ってくれる人」を求めているのではないか。地域を創るとは、「業を起こす」ことだけではなく、「近所づきあいのできる人」「共にPTAの活動ができる人」「子どもを遊ばせることのできる同じ価値観の人」などである。自分の家の隣に引っ越してくる人を想像してみれば、市民が求める移住者像が見えてくるはずである。ターゲットに人気の魅力を選定するのではなく、地域の価値観やアイデンティティを示し、それに迎合する人を呼び込むことが求められていた。

(7) PRしながら分析する

2015年3月に実施した全国のママを対象としたアンケートによれば、那須塩原市は観光地として知られ、認知度が72％以上あった。そこで、「観光の魅力」を「暮らしの魅力」に変化させるプロモーションに移行した。暮らしの魅力の認知を図るため、魅力を更に深く堀下げて伝える必要があると考え、ブランド体験を行うことにした。

(8) 価値観をプラスする

　ブランド体験は、「那須塩原市魅力体験モニターツアー親子チャレンジing」と名付け、幼児を持つ家族をターゲットに設定した。都会のイベントに出店し、列に並ぶ子どもにゲームを手渡し、静かに過ごさせている都会のママの姿に遭遇した。地元のイベントと比較し、子どもの表情に笑顔が少ない印象を受けた。そこで体験ツアーは、「なぜ幼児期に屋外での自然体験が必要か？」というテーマを設定し、ターゲットの悩みを解決できる那須塩原の魅力を選定し訴求した。乗馬体験や石窯でのピザづくりは、3歳の子どもにとって少しハードルの高いチャレンジであったが、体験レポートでは、「子どもが子どもらしく過ごせた」という感想が寄せられた。

(9) 外の評価を中に伝える

　このブランド体験は、市外向けのPR事業であったが、首都圏の家族の声（評価）を市民に届けることも目的としていた。ツアーの体験の様子を写真、記事及び動画にまとめFacebookやPRサイト等に投稿して市民に届けるように組み立てた。体験ツアーをまとめた冊子は、移住のターゲットである首都圏に配布するだけでなく、市内にも配布した。市民が、普段立ち寄っている素敵な空間を創っている人の想いにふれて、深い共感が応援や感謝する意欲を育むように企んだ。

(10) 魅力発信の主役は市民

　この体験ツアーは、多くの市民の協力や受入れによって実現できた。その市民のおもてなしの様子やまちの魅力を語る様子を動画にまとめ

て公開している。素敵な空間を創っている市民の語る"那須塩原の魅力"は、いずれも力強く、心を揺さぶるモノがあった。

この体験ツアーは、オール那須塩原のシティプロモーション体制づくりのために、ネットワーク化の手応えを感じ、翌年度の事業の企画に反映させることにつながった。

(11) 共感の先にある世界へ

自治体にとっての利益とは、市民の笑顔である。

だからこそ、各ターゲットの悩みに寄り添い、解決策の方向性を訴求する広報活動で市民の笑顔を増やすことが大切であると考えている。自治体の広報は、共感によって価値観をプラスし、市民の背中を押し、幸せへと後押しすることを目指していくものだと考えている。

(12) 自治体の広報の役目とは

自治体の広報は、政策広報だけでなく地域情報の広報も併せて行うことで効果が格段に上がると考えている。

そして、その地域広報を、自治体だけが行うことには限界がある。だからこそ、まち中の市民、団体、企業等の多くの主体が様々な魅力発信を行う場を増やさなければならない。そのために、行政ができることは何かを考え、模索しながら、地域ブランドを立ち上げ、市民の活動の場の創出に取り組んでいる。

(13) このブランドにかける想い

自分自身の日々の生活の中にあるチャレンジに気付き、応援してく

れる人の存在に気付き、そのつながりを大切にしてほしい。
　そのつながりがなくては、幸せで豊かな暮らしは成し得ないのだということを市民だけでなく市外住民にも広く伝え、豊かな暮らしの価値を見つけてもらいたいと考え、チャレンジing那須塩原というブランドを立ち上げている。

5 ご当地キャラクターによる地域とのコラボレーション

千葉県総合企画部報道広報課主幹(兼)千葉の魅力発信戦略室長

髙橋　輝子

　「チーバくん」は、2007年1月11日にゆめ半島千葉国体・ゆめ半島千葉大会のマスコットキャラクターとして誕生した千葉県のご当地キャラクターである。JR東日本のSuicaのペンギンキャラクターをデザインしたことでも知られる、千葉県市川市出身の絵本作家・イラストレーターである坂崎千春氏によってデザインされたチーバくん。横から見ると千葉県のかたちをしたキャラクターだが、「基本形」と呼ばれる横向きの形だけでなく、前向きだったり、散歩していたりと、さまざまなデザインによって県民に親しまれている。

　さらに、多くのご当地キャラクターがそうであるように、チーバくんにも「着ぐるみ」がある。愛らしい姿で活躍するチーバくん、国体終了後の2011年1月からは、千葉県の公式マスコットキャラクターとなって、引き続き現在も活躍中である。

(1) チーバくんの活躍

　チーバくんは、単なる「キャラクター」というだけではなく、大きな役割を担っている。すなわち、県内では「県と県民をつなぐ立場」であり、県外に対しては「千葉県の魅力発信のシンボル」として位置づけられているのである。そして、このためにチーバくんはさまざまな活動を行っている。

まず、県内外でのイベントへの参加。県内においては、地域のイベントやお祭り、さらに県が実施する各種啓発行事などへチーバくんが参加して、県民に県の政策・施策を知ってもらうとともに、県民同士の交流のシンボルとして、子どもたちとの触れ合いや写真撮影などを行っている。一方で、県外においては、近年、知名度が向上してきたチーバくんがイベント等に参加することによって、千葉県に注目してもらったり、千葉県の良さを知ってもらったりといった「千葉の魅力発信」の目的で活動している。

　2つ目は、チーバくんのデザイン活用の呼びかけ。チーバくんのデザインは県だけではなく、市町村や民間事業者でも使用できるため、チーバくんのキャラクターグッズや土産品のパッケージでの活用など、幅広くチーバくんを使用する人々が出てきている。さらにこの仕組みによって、民間企業などがチーバくんをきっかけにした千葉県とのコラボレーションによる事業などに取り組む事例も見られるようになってきている。

　3つ目は、各種メディアへの出演。千葉の魅力発信を目的の一つとしているため、テレビや雑誌といったマスメディアへのチーバくんの出演・掲載には積極的に対応しているが、幸い、近年のご当地キャラクターブームと、それに伴うチーバくんの知名度向上もあって、テレビなどへの出演依頼も増えてきている。また、マスメディアだけでなく、SNSなどのインターネット上での活動も行っており、2011年12月から開始したTwitterは、2016年9月現在で約17万人のフォロワーがいる。毎日、千葉のPRやイベントへの出演情報などをつぶやき、チーバくんを身近に感じてもらっている。

　次項では、このようなチーバくんによる活動の具体的な事例を紹介し、ご当地キャラクターによる効果について検証する。

(2) チーバくんによる魅力発信の取組
～クル来るくるり久留里線ふしぎトリップ～

①久留里線の沿線活性化に向けた取組

　JR久留里線は、千葉県中央部の東京湾沿いに位置する木更津駅（木更津市）から、ちょうど千葉県の中心部分に位置する上総亀山駅（君津市）までを走る32.2km（営業キロ）の鉄道路線である。風光明媚な里山を走るのどかなローカル鉄道であるが、沿線地域の過疎化傾向を受けて、近年は乗降客数の減少が課題となっている路線でもある。

　2015年秋、千葉県報道広報課では、このJR久留里線の沿線活性化を目指して、「クル来るくるり久留里線ふしぎトリップ」と題するプロモーション活動を実施した。このなかでチーバくんと沿線市のキャラクターたちが大活躍した。

②地元高校生による大学との連携プロジェクト

　取組の1つは、千葉商科大学と連携した地元高校生による沿線の活性化を目指した活動である。千葉県市川市に所在する千葉商科大学人間社会学部では、県内の地域活性化を目指した学生によるプロジェクトを企画しており、久留里線沿線の過疎化が深刻になっているとの話を聞いて、当該地域の活性化に取り組むこととなった。さらに、このプロジェクトでは、久留里線の沿線に所在する地元の高校生も参加し、大学生と高校生が一緒になって、沿線の魅力発見・情報発信に取り組んだ。

　沿線地域の魅力掘り起こしのためのフィールドワークや、高校生フォトコンテスト、小学生絵画コンクール、そして高校生による「久留里線夢づくりコンテスト」などが行われ、地元住民や各種団体の方々の協力もあり、この取組が、改めてこの地域の魅力を掘り起こすきっか

けとなった。

　そして、期間中のイベントに、チーバくんが参加して、大学生や高校生たちを盛り上げることになった。

③チーバくんたちのラッピング列車

　さらに、このプロジェクトと連動し、千葉県では沿線の3市やJR東日本千葉支社と連携して、2015年9月から12月までの3か月間、JR久留里線で、チーバくんや沿線市のキャラクター、そして紅葉やコスモスなど沿線の魅力を描いたラッピング列車を運行した。秋の観光シーズンに運行されたこの列車は大変好評で、期間中は多くの乗客でにぎわい、久留里駅前の観光案内所では例年の約3割増の来所者があったとのことである。

④都内でのプロモーションイベント

　単にラッピング列車の運行や、高校生や大学生による地域活性化の取組だけでは沿線に人は集まらない。今回のこのプロジェクトでは、併せて東京都内でのPR活動を積極的に行った。そして、ここでもチーバくんが大活躍した。

　まず、東京駅の近くに位置する商業施設のJPタワー・KITTEのイベントスペースで期間中に2回、久留里線の魅力発信イベントを開催し、沿線の魅力に関するトークショーやチーバくんたちによるステージイベントなどを行った。ここでは、沿線の物産や観光パンフレットなども展示し、久留里線沿線への訪問を呼びかけた。また、テレビや雑誌などのマスメディア各社へも久留里線沿線の魅力をとりあげてもらったほか、Facebookなどの SNS で沿線の写真や観光情報を発信したり、沿線で写真家による撮影教室を開催したりするなど、さまざまな取組を実施した。これらの企画でも、チーバくんの存在が大きく

役に立った。

　アイキャッチとしても効果的で、皆をなごませることができるチーバくんがいたことによって、このプロジェクトがより一層の効果を上げたのは間違いない。ご当地キャラクターをきっかけに、域外の人にもその地域の魅力を知ってもらう。これもご当地キャラクターの大きな役割の一つである。

(3) チーバくんによる地域の魅力再発見
　　～もの知りチーバくん in 中央博～

①千葉県立中央博物館が企画する博物館ツアー

　チーバくんは県外に向けた千葉県のPRだけでなく、県民が地域の魅力を再発見するための取組でも活躍している。

　千葉県立中央博物館は、千葉県の自然と歴史について学ぶことができる千葉市中央区にある総合博物館である。この博物館の夏休み特別企画として、チーバくんが毎週水曜日に来館し、同館の学芸員とともに館内ツアーを行い、人気となっている。「もの知りチーバくん in 中央博」という名称で、チーバくんと学芸員がペアになって、館内の展示について紹介したり、その日に学んだ展示についてクイズを実施したりするというもので、チーバくんファンはもちろん、小さな子どもやお父さん・お母さんからも好評である。週ごとにツアーやクイズの内容を変えて実施しているため、毎週来館する参加者も多く、博物館のスタッフからも喜んでもらっている。

　参加しているチーバくんファンたちからは、「普段、地域や自然科学、文化などには全然関心を持っていなかったけれども、この企画がきっかけとなって、博物館に足を運ぶようになった」との声を聞いており、地域の魅力を住民が再発見するための良い事例となっている。

②ファンが支えるツアー企画

　さらに、2015年度からは、チーバくんファンたちが中心となって、中央博物館のボランティアスタッフとして、この企画を支えてくれることとなった。具体的には、彼らがチーバくんと一緒にツアーを廻るスタッフとして同行したり、チーバくんのために企画に合ったコスチュームを作ってくれたりといったことだが、ファンあってのチーバくんならではの取組だった。そして、そのファンたちと一緒に企画を実施してくれた博物館スタッフの熱意が、良い形となって企画を盛り上げたのだろう。

③県内各地の分館へも出張ツアー

　県立中央博物館には県内の数か所に分館があるため、期間中の何回かは、その分館で「もの知りチーバくん」が実施された。なかなか訪問する機会が巡ってこない千葉県東部の香取市にある大利根分館や、県南部の勝浦市にある海の博物館、中央部の大多喜城分館などで開催した「もの知りチーバくん」はいずれも地域の皆さんから好評だったようである。たとえば大利根分館での開催時には、茨城県からもチーバくんのファンが来館するなど、普段とは違うファン層の開拓にも役立った。

　これをきっかけに、さらに多くの皆さんに千葉県に興味を持ってもらえればと思うし、県内ではあっても県庁所在地から遠く、なかなか普段、チーバくんと会えない子どもたちにも会える機会となったのではないか。

　さらに、この「もの知りチーバくん in 中央博」の企画を通して、チーバくんファンはもちろん、普段は都内に通っていて地域に目を向けることが少ない千葉県民が、自らが暮らす地域の歴史や自然に関心

を持つための良いきっかけとなればと願う。

(4) チーバくんによるさまざまな取組を通して

①立地企業・施設が地域へ目を向けるきっかけに

　これまで紹介してきた事例のほかにも、チーバくんをきっかけとして、さまざまな取組が始まっている。たとえば、地域における立地企業とその地域との交流のきっかけとなった事例がある。大企業の工場やショッピングモールなどの立地は、雇用確保や地域経済の活性化という点で期待されている一方、その工場・店舗等と地域との交流が少ないといった課題がある場合も多い。

　このような場合においても、当該施設において社員・家族向けの「オープンデー」を設けている場合も多く、このような場にチーバくんの着ぐるみを貸して欲しいという申し出をいただく場がある。このようなとき、チーバくんについては、一般の方も参加する場合のみ着ぐるみの貸出を行うこととしている旨を説明し、そのため、社員・家族だけでなく、近隣の一般住民についてもイベントに参加できるようお願いして、それをきっかけに近隣向けにイベントが開放される事例も出てきている。

　同様に、老人ホームなどの高齢者施設や保育所等において予定されていた施設内だけでのお祭りやイベントについて、近隣にも開放するよう打診し、実現した例もある。この種の施設において、近隣住民と施設とのトラブルが発生する場合には、往々にして元々の交流が無い場合が多い。普段からお祭りやイベントなどをきっかけに、施設と近隣地域とが交流を図っていくことによって、無用なトラブルを避けることができるのではないか。ご当地キャラクターは、そのような地域との交流のきっかけとなる可能性を秘めている。

②官だけでなく民も一緒になったプロモーション

　チーバくんについては、さまざまなグッズが発売されているが、これらは千葉県だけでなく、民間事業者もデザインの使用を申請することによって、制作・販売することができる。このため、最近では県内企業だけでなく、東京都内の大企業などからも、グッズ制作の申し出や、さまざまな取組でのコラボの打診をいただく。

　そして、これらの県外からの申し出は、よく聴いてみると、実は担当者が千葉県出身ということも少なくない。県内出身者が都内で活躍し、千葉県のシンボルであるチーバくんを使った企画を考えてくれている。これこそ、まさにシティプロモーションを民間の方にも手伝ってもらっている良い事例なのではないだろうか。シティプロモーションは、行政だけで進めてもうまくいかないことが多い。チーバくんをきっかけに、民間事業者の皆さんが、千葉を盛り上げていこうと考えてくれることこそ、千葉県のシティプロモーションのために大きく寄与することだろう。

③ご当地キャラクターによるシティプロモーション

　全国各地にご当地キャラクターが乱立し、目的・効果が問われている。このようななかで、ご当地キャラクターに何ができるのか、改めて考えてみる必要がある。チーバくんの活動を通して感じたことは、ご当地キャラクターによって、地域を知るきっかけを作ることができ、そして、ご当地キャラクターによって、民間と地域とのコラボレーションのきっかけを作ることもできる、ということである。シティプロモーションに地域を挙げて取り組んでいくために、ご当地キャラクターが、そのシンボル的な存在として役立っていることは多い。逆に言えば、ご当地キャラクターを運営していく場合には、そのような官民のさま

ざまなコラボレーションを意識していくことが必要だろう。

　ご当地キャラクターの運営主体である自治体や観光協会の事務局だけでなく、ファンを大切にし、地域の企業を大切にし、そして、地域外の企業や団体からも応援してもらえるような、キャラクター運営を目指していきたい。

第5章

ソーシャルネットワークが支える動画広報

第5章　ソーシャルネットワークが支える動画広報

●はじめに

河井　孝仁

　動画広報が注目されている。驚きをつくり、行政とは思えないギャップをデザインする。そうした動画が 100 万回以上の再生を獲得する。

　ソーシャルメディアの力が大きい。従来の動画はウェブサイトに置き、見に来てくれることを待つしかなかった。

　しかし、Facebook でも Twitter でも、動画が自動再生されるようになった。結果として、動画は待つメディアから攻めるメディアに変化した。差別的優位性を明確にし、トレンドに便乗し、ギャップをデザインする。さらに、人を十分に映し、物語を仕込む。

　この注目が大きな拡散に繋がる理由もソーシャルメディアである。シェアされるだけの強い誘発の力も動画には備えられている。

　「見たことがある」「何だか面白そう」という認知獲得に大きく成功する事例を見て、多くの自治体が「とりあえず」動画広報を始めようとすることもある。だが、動画を作りさえすればいいわけではない。

　目的を実現するために何が必要なのか。鶴田健介氏は「ンダモシタン小林」の例を基礎に「参画する人」を増やすしくみについて語る。

　齋藤久光氏が紹介するドラマチック四街道の動画は、鬼面人を威すことによって認知を獲得しようとする動画ではない。しかし、着地点としてのドラマチック四街道の力は深い。久喜市職員である金澤剛史氏は、ソーシャルネットワークを利用することによって 1,000 人が参加するワンカット撮影を成功させた。

　動画をどのようなメディアとして捉えるのか、本章を読むものには、その理解が問われている。

1 「ンダモシタン小林」が参画をつくる

宮崎県小林市役所総合政策部地方創生課　鶴田　健介

　宮崎県小林市（人口45,851人）では、2015年度にPR動画を4本制作し、インターネット上の動画投稿サイトYouTube「小林市公式チャンネル」等に公開した。第1弾として8月27日に公開した「移住促進PRムービー"ンダモシタン小林"」は、2016年6月現在、195万回再生という驚異的な再生回数を記録。自治体PR動画ブームの先駆けとして、全国のメディアで広く取り上げられた。

　再生回数は、2週間で120万回を突破した。再生回数の伸びが顕著になったのは、「バイラルメディア」といわれるインターネットサイトで取り上げられたのがきっかけである。「バイラルメディア」とは、「Viral（ウイルス性の）」という意味を持つブログ形式のウェブメディア。投稿された記事が、SNSのTwitterやFacebookにより、感染していくように爆発的に拡散されていくという特徴を持っている。公開直後はゆるやかな再生回数の伸びであったが、数日後、バイラルメディアのいくつかで紹介されると、一気に再開回数が増えていった。

　9月に入ると、東京キー局を始めとするテレビの情報番組で取り上げられはじめ、さらに再生回数が増加。マスメディアの取材依頼も多く、今年3月時点で、全国のテレビ局14局45番組、全国紙・地方紙の新聞8社（全国面・地方面含む25回）で取り上げられた。ウェブメディアにおいては、確認できているものだけでも250媒体。こういった多くのメディア露出もあり、全国から多くの反響が寄せられた。また、国内外多数の賞を受賞したことで、現在でもさまざまなメ

ディアで露出が続いている。広告費に換算すると約10億円の効果があったという試算がされている。なお、動画を公開してから、1か月間に受ける移住の相談件数は公開直後4.5倍に、市ウェブサイトの「空き家バンク」コンテンツの閲覧数は10倍に伸びた。

　多くのマスメディアが現地を訪れたことも、田舎まちにとっては嬉しいニュースである。多くの住民が全国放送のニュースに出演し、大いに地元を盛り上げ、全国に小林市を宣伝。PR動画に留まらず市民総出によるPRの機会となった。嬉しい誤算であるが、この経験はまちづくりの貴重な糧となるはずである。

　またインターネット上で、「小林市」に関連するポジティブな情報が蓄積されていったことも成果として外せない。公開以前は「小林市」と検索すると、閲覧規制がかかるような掲示板などが1ページ目に表示される状況。PR動画ヒットをきっかけに多くのメディアが訪れたことにより、現在では、公的サイトや動画に関する記事など、小林市のPRにつながるポジティブなページが並んでいる。

　SNS上でも好意的な反応が多く、「無性に帰りたくなった」「地元を誇りに思える」「地元が話題になっていて嬉しい」など、出身者の地元を思うコメントや、「行ってみたくなった」「作り手の地元愛を感じる」など小林市を知らない人からのうれしいコメントも相次いだ。他にも出身者から市役所に「私もなにか手伝えないだろうか」という電話やメールをいただくように。地元と出身者などをつなぐインナーコミュニケーションのきっかけともなっている。

(1) バズッた経緯から分析する話題化の手法

　ンダモシタン小林の成果を振り返ってみると、目的を明確にしていたことが功を奏したと言える。「ンダモシタン小林」の大きな目的の一

つは終始一貫「認知の獲得」であった。

　移住をテーマとしたPR動画を作るにあたり、耳にしたのが、全国の移住支援を行っている機関の調べで分かった「移住希望者のうち6、7割が、移住先を決めていない」という推計。そのため、移住希望者を含め、まずは「小林市というまちがあること」「小林市というまちが移住に力を入れている」ということを、できるだけ多くの人に知ってもらうことが命題となった。

　自治体がPR動画を全国の不特定多数の人に届けるためには、ウェブでの展開が主流だ。テレビスポットCMは一定の視聴は確保されるものの、地方自治体にはテレビCMを流すほどの財政的な力はない。人が行き交う駅ビルや空港等のプラットホームでの放送も、相応に莫大な経費が必要である。

　そういった現状もあり、地方自治体の動画展開は、インターネットが選択肢の一つとなる。しかしYouTubeやFacebook、オウンドメディアに動画を投稿するだけで、多く人の閲覧につながるわけではない。多くの人に閲覧してもらうためにどんな工夫をするべきなのだろうか。

　認知の獲得を目的とした「ンダモシタン小林」には、インターネットを通し、多くの人に見てもらうための仕掛けがあったため、その工夫から再生回数増加の糸口を探ってみたい。

　まずは、「ンダモシタン小林」の特徴の一つである「90秒」という短さ。インターネット利用者に配慮した長さである。そして、フランス映画のような雰囲気とインパクトのある絵づくり。

　たとえば、スマートフォンでSNSなどを利用中、フィードに動画が流れてきたとき、皆さんはどうするであろうか。たぶんほとんどの人が、サムネイルやタイトル、再生時間などを確認し、再生するか、飛ばすかを決断する。SNS利用者の多くは、情報の取捨選択が身につい

ていると思われるので、再生したとしても、途中で視聴をやめてしまう人も多いはずである。「ちょっと見てみようかな？」と思わせる仕掛けと、そして最後まで見てもらえる適度な長さと飽きない作りも、再生回数を伸ばすためにこだわった点である。

　動画の視聴にはパワーを使う。多くの人に見てもらうのが目的であれば、さらっと視聴できて、印象にも残るくらいの按配がベストなのかもしれない。これはCMプランナーの受け売りであるが、ウェブ動画も多くの人に見てもらうことを考えると、テレビCMのように、15秒、30秒がベストであり、最長でも90秒。決して少なくない予算で作る動画なので、少しでもまちの売りや素晴らしさを詰め込みたくなるが、伝えたいことを生かすために、そぎ落とす覚悟も時には必要になってくる。長編大作であっても、多くの人に視聴されるかどうかというは、また別として考えるべきである。

　さらに、制作サイドのプロフェッショナルな仕掛けを紹介したい。

　「ンダモシタン小林」が取り上げられるとき、決まって「オチがすごい」という紹介から始まる。確かに、オチも魅力の大きな要因なのだが、「方言が外国語に聞こえる」というテーマ自体は目新しいものではない。津軽弁のイントネーションが外国語に聞こえるCMなど、他にもいくつかの例がある。

　ではなぜここまで話題になったか。「オチ」までの設計の緻密さにヒントがあるという。字幕や映像を見てみると、ところどころ突飛なセリフや場面が出てくるのに気になった方も多いはず。「トンボの交尾」「プラネタリウムで爆笑している人々」「寿司職人とフランス人の入れ替わり」。この突飛な映像などがうまくナレーションから気を逸らす役割を果たしている。加えて、インターネット動画は自分の意思で、視聴をすぐにやめられるメディアであるが、こういった演出を差し込んでいくことでラストのオチまでの興味をつなぎとめることにつながっ

ている。もちろん本格的なフランス映画のようなトーンや、見ごたえのある小林市の大自然など、映像の強さも動画の力を底上げしている。

そしてPR動画のPR部分。動画を拡散させる時に使った「二度見たくなる」というキーワード。「二度見たくなる」という思わず「ホントに？」と試してみたくなるようなキャッチコピーと動画が抱き合わせで広がっていたことが大きな勝因になった。実際にFacebookでのシェアやTwitterのリツイートを追ってみると、「この動画のオチすごー。まじか！ってなってまた最初から見てしまった」「3回見てしまった！」「このトリック（？）が面白くて何回も再生しちゃいました」などといったコメントとともに拡散されている。

つまり、「オチ」に向かうための計算された言葉選びや、映像の強さ。そして、動画自体を広めるためのアイデア。そういったことが「ンダモシタン小林」が話題になった理由だと考えられる。この動画を見て「方言ネタで先を越された！」と、苦々しく自治体があったかもしれない。しかし「ンダモシタン小林」には、「仮に『方言が外国語に聞こえる』という同じアイデアを思いついたとしても絶対にマネできない。広めさせられない」細かなプロフェッショナルなコミュニケーションアイデアが詰まっているのである。

話題化に成功し、認知度アップに貢献した「ンダモシタン小林」であるが、実は「認知の獲得」とは別の目的があった。「ンダモシタン小林」を含めて2015年度に4本のPR動画を制作したが、この事業は、2014年度から市が取り組んでいる「てなんど小林プロジェクト」の一環として行った。この「てなんど小林プロジェクト」で目指すものこそが、実は話題化よりも重要視した目的である。この「てなんど小林プロジェクト」の紹介を通し、認知獲得とは別の目的を説明したい。

(2) インナープロモーション「てなんど小林プロジェクト」

　「てなんど小林プロジェクト」が立ち上がったのは、2014 年の春。「消滅可能性都市」というワードが地方自治体に衝撃を与える少し前のことである。小林市ではプロジェクト発足前から、急激な人口減少と高齢化に頭を悩ましていた。国の機関の推計によると、14 年後の 2030 年には総人口が約 39,000 人となり、現在から約 7,000 人が減少。高齢化率は 41％に達し、5 人に 2 人は 65 歳以上の高齢者となる見通し。このような人口問題に対応するためには、幅広い移住・定住対策や、プロモーション展開に取り組む必要があった。

　プロモーション展開での課題は、「小林市の何を PR するのか」。人のあたたかさ、豊かな自然やおいしく豊富な食べ物は小林市の魅力ではあるが、これらの魅力を含めて、全国の「地方の良さ」というのは似通っている。どこにでもあるものではなく、他の場所にはない、ここだけの「ならでは」「らしさ」を PR しなければ埋没することは目に見えていた。まずは、この「ならでは」「らしさ」というものを見つけ出さなければならない。小林市の特徴を一番知っているのは「市民」や「出身者」である。こういった人たちと一緒になって、魅力となりえる「小林ならでは」「小林らしさ」を見つけることから始めることになった。

　人口減少という切実な問題への対策は、既に広報・PR 担当部署とは別のセクションが中心となり取り組んできた。プロジェクトでは、「定住人口」と「交流人口」の増加だけでなく、それをバックアップするような、もしくはバッティングしないような展開が求められた。

　そこで、「人口」の捉え方を考え直すことに。課内職員の対話のなかで生まれてきたのが、「訪れる人に留まらない交流人口（＝関係人口）」と「まちをよくしたいと思う、もしくは、まちづくりに参画する人口

（＝参画人口）」である。「関係人口」は、観光、通学、通勤や買い物といった既存の交流人口だけでなく、たとえば、市のウェブサイトを閲覧する、Facebookにいいね！する、ふるさと納税をする、仕事で関わる、市産品に関わる、小林市のことを話題にする、ふるさとを思うなど、こういった人たちにも目を向けていくことが大切なのではないか、という視点だ。

　そして、小林市では市民参画による「協働のまちづくり」を推進しており、住民がそれぞれの立場でまちづくりに参画できる土壌整備に努めてきた。これを土台に、住民を問わず、「まちをこうしたい！」「まちをよりよくしよう！」「故郷のために、自分ができることは何だろう？」と考え、行動する人の数「参画人口」を、内外に増やしていくべきと結論づけた。

　今、都会で仕事をしながら、休日や仕事後などにまちづくりに参加する「パラレルキャリア」や、プロの技術の無償・低額提供を行う「プロボノ」、地方への「セカンドオフィス」設置というワードを耳にする機会も増えている。こういった人たちを積極的に迎え入れていくためにも、「関係人口」と「参画人口」の増加をプロジェクトの大きな目的とした。

　しかし、市民や出身者などとともに見つけた「小林らしさ」を活用してPRを行い、「関係人口」や「参画人口」を増やすという方向性は決まったものの、全国多数の人に向けて情報を届けるノウハウは持っていない。そこで出てきたのが、「内輪で盛り上がればいいのでは」という意見である。

　まずは、外向けのプロモーションは考えず、市民や出身者をターゲットとした内向けのプロモーションに力を入れてはどうかということだ。「インナーブランディング」というマーケティング用語がある。ブランディングといえば、顧客や見込み客などアウターに向けたものとして

の印象が強いが、自社のブランドを従業員などに浸透させるインナーブランディングが見直されているという。

　社内全体でブランドのビジョンや目標、製品の知識や愛情などを共有することで、提供する製品やサービスの向上につなげるのが目的である。インナーブランディングのターゲットは社員に留まらず派遣社員やアルバイト、小売業者などが含まれる。このインナーブランディングの考え方を自治体プロモーションに置き換えてみた、というと分かりやすいかもしれない。

　「関係人口」と「参画人口」を増やすために、市民や出身者をターゲットにインナーブランディングを展開するということは、言い換えれば、小林市の魅力（小林市らしさ、ならでは）を皆で共有し、小林市に対する愛着や誇りの醸成につなげるということだ。

　こうして市民や出身者を巻き込んだインナープロモーション事業のプロジェクトが始動した。プロジェクト名となっている「てなんど」とは、「てなむ」という「一緒に」という方言（西諸弁）と地域資源を「ブランド化」したいという思いを掛け合わせた造語（てなむ＋ブランド化）を採用した。

(3) コンサルタント役は「若者からなる市民ワークショップ」、主役・ターゲットは「住民と出身者」

　地域の隠れた魅力を発掘し・発信する事業は、全国的に見て特に珍しくない取組でもある。しかし、プロジェクトで大切にしているのは、方針の決定から、展開される各事業まで、その主役とターゲットは「住民・出身者」という点だ。

　プロジェクトでは、20〜40代の若者を中心としたＵ・Ｉターン者、国際交流員、高校教員など9人からなる住民ワークショップを設け、それぞれの立場でさまざまなアイデアを出し合っている。ワークショッ

プの会場は、市内のカフェなど。肩の力を抜き、可能な限り行政色をなくして、まちの雰囲気のなかで発言しあうスタイル。市役所の会議室からは、なかなか生まれないアイデアが飛び交う活発なワークショップとなっている。

「このプロジェクトにはどこがコンサルに入っているのか」という問い合わせも多いが、このワークショップが、「コンサルタント」役といえる。ワークショップで決まったことは、行政として実施するのが困難なものでも「限りなく実現に向けて奔走する」というルールを決めて事務局は職務にあたっている。

(4) コンプレックスを武器に。「西諸弁標準語化計画」

「風景」、「方言」、「人」など、さまざまな地域資源をテーマに事業を展開しているが、プロジェクトの顔となっているのは独特の方言「西諸弁」を活用した取組である。「ンダモシタン小林」で重要な仕掛けに活用された地域資源でもある。

これは「結果として顔となった」という言い方が正しいのかもしれない。プロジェクトの設立当初、ワークショップのなかで、「コンプレックスに感じている人もいるかもしれないが、『西諸弁』は住民や出身者の郷土愛や郷愁心をあおることができる、重要なコミュニケーションツールになるのでは」という意見が出たことを発端に、西諸弁に着目した事業を展開することになった。

「西諸弁標準語化計画」と銘打ち、まずは西諸弁にまつわるエピソードを募集するコンテストを実施した。結果から言うと30件程度の応募しかなく成功だったとは言い難い状況であった。しかし、応募状況は散々ななかでも、このコンテストは光をもたらしてくれた。それは、ワークショップで考えたコンテストの告知ポスター。宮崎県の南西部

には、通称「べん（商品名：本常盤白紅、製造元：丸一製薬株式会社）」と呼ばれる多くの家庭で常備されている塗り薬が存在する。西諸弁の「弁」と常備薬の「べん」を掛けて、ポスターに「べん」を登場させた。「小林あるある」をポスターに採用した訳である。ポスターに掲載したテキストもディープな西諸弁で、住民・出身者以外が見たら「何をやっているのかさっぱり分からない」であろうポスターを制作した。

　しかし、このポスターへの反響は大きく、「西諸弁のポスターをもっと作って」「懐かしくて帰りたくなった」との声が多数寄せられた。「西諸弁が、プロジェクトと住民、出身者をつなぐ重要なツールになり得る」と実感した重要なターニングポイントとなった。

　この後、ワークショップメンバーから「反響の多い西諸弁のポスターは、作り続けていくべき」という意見が出され、投稿型でポスターが作られる「西諸弁ポスター」事業が誕生。Facebookページ上で、市民や出身者の活発な交流が始まり、ファン数が一気に2,000ほどに。メディアリリースの反応もよく、多くのメディアで紹介されて、プロジェクトの認知を一気に全国区に押し上げるキラーコンテンツに成長した。

(5)「ンダモシタン小林」のターゲットは「住民と出身者」だった

　「ンダモシタン小林」は、移住をPRする動画だが、てなんど小林プロジェクトの一環である以上、認知の獲得だけでなく、住民と出身者をメインターゲットとした、地元への愛着や誇りの醸成につながる動画にしたいと決めていた。そこで忘れてはならない存在が、PR動画の企画・制作チームのリーダーを務めた広告代理店のプランナー越智一仁さん。CMを作ることに長けているだけでなく、出身者だからこその強い郷土愛とまちへの理解、プロジェクトの意図・想いを共有でき

るプランナーの存在があったからこそ、あの動画が生まれたと確信している。

　おかしな表現も随所に散りばめられているが、「あの動画には、まちへの愛を感じる」という意見も耳にする。それは越智さんの郷土愛を無意識に感じたからではないだろうか。さらには、越智さんの活躍を耳にした出身者から、市に「私も何かできないか」というメッセージが送られてくるなど、正のスパイラルが生まれている。

　「方言が外国語のように聞こえる」をはじめとした「小林あるある」が詰まりに詰まった「ンダモシタン小林」は、認知の獲得だけでなく、「もっとまちを好きになってほしい」「故郷を思い出してほしい」という市民、出身者に向けた「愛のメッセージ」でもあるのだ。

2 日常こそ、ドラマチック

千葉県四街道市役所職員　齋藤　久光

　2013年、映像「ドラマチック四街道（はじまり篇）」を公開した。そこに暮らす人からみたら当たり前の風景、縁もゆかりもない人からみたら、どこのまちの、何を伝えたい映像かもわからないだろう。なにしろ、てがかりは映像の最初と最後に浮かび上がってくる「Dramatic Yotsukaido（ドラマチック四街道）」の文字だけなのだから。

　千葉県四街道市は、千葉県北部に位置し、首都圏のベッドタウンとして、約92,000人[注1]が暮らすまちである。北総台地特有のなだらかな地形に、里山や谷津田を残し、住宅地と自然とが調和するまちとして今日に至っている。

　全国似たようなまちも多いであろう「ベッドタウンの日常」を切り取った映像であるが、なぜ四街道市がこのような映像を制作したのか、そしてこの「ドラマチック四街道」とはどんな取組なのか紹介していきたい。

(注1)　2015年国勢調査結果「速報」で、前回国勢調査と比べ、2,546人の人口増（千葉県内10位）、2.94％の人口増加率（千葉県内4位）

(1) 市民活動の視点で四街道市を紹介

　ドラマチック四街道に触れる前に、筆者は、市民協働、市民活動支援担当であり、この文脈から四街道市を紹介してみたい。

①盛んな市民活動

　四街道市は古くから市民活動が盛んなまちであり、特定非営利活動促進法（NPO法）施行後、千葉県で一早く法人認証を受けたのが四街道市の法人であった。また、「NPO立県千葉」を掲げた千葉県の第一期事業として四街道市の11の団体が参画するなど、市民が主体的にまちに関わる土壌があった。

②みんなで地域づくり

　このような土壌があった四街道市において大切にしている考え方について触れたい。協働によるまちづくりを進めていくための考え方「みんなで地域づくり」である。

　四街道市では「協働＝みんなで地域づくり」とし、それを以下のように捉えている。

【みんなで】

　「市民（団体）×行政＝協働」という一対一の関係性で協働を捉えるのではなく、市民や市民団体はもちろん、事業者、学校、福祉施設、また四街道市で働く人、学ぶ人、訪れる人など、これらまちを形成していくすべての主体を協働のパートナーとして捉えている。

　よって、たとえば、市民団体向けの補助制度の要件に、「市民がいること」や「市内に拠点を有し」などの文言はでてこない。小さな差と捉えるかもしれないが、四街道市が住民基本台帳上だけで「市民」を捉えるのではなく、まちに主体的にかかわろうとするパートナーを広く受け入れていこうとする姿勢を示すことは、まちづくりを進めていくうえで重要な視点であると考える。

　具体的な事例においても、多くの市外在住者が地域活動に参画したり、市民団体と他市の大学との連携事業が活発に行われるなど、まち

の姿勢が形となり、懐深く多様な主体を受け入れる環境を整えている。

【地域づくり】

「まちに関わる人が、まちに自分の役割や居場所を実感できること」としている。これは「まちの出来事（地域課題など）を自分事として捉え、主体的に関わっていくこと」でもあり、シビックプライド（市民がまちに対して持つ愛着や誇りなどの自負心）を育むための大きな要素として、この「みんなで地域づくり」によるまちづくりを進めている。

まちに自分の役割や居場所をみつけられたとしたら、人はまちに対して愛着や誇りを持ち、「このまちに暮らしつづけたい（暮らしてみたい）」、「まちのために役立ちたい」などの行動につながり、またそれが人に伝わり、人の行動を促し、その輪を広げていく連鎖を生むものと考えている。

③地域づくりには時間がかかる

まちに自分の役割や居場所をみつけるには、それ相応の時間を要する。もちろん、近所のゴミを拾う、イベントに参加するなど、身近なところからまちにかかわることはできる。いずれも小さな積み重ねが、まちへのかかわりを深め、実感をもってまちを自分事として捉えることができ、はじめて自分の居場所をそのまちにみつけることができるのではないだろうか。

(2) ドラマチック四街道

①ドラマチック四街道の動機

上記で述べたことは、まちにおいて、一見地味な取組でもあり、日

常の風景に溶け込み、同化しているとも言える。

　人々やまちの日常にはさまざまな顔があり、嬉しいこともあれば、悲しいこともある、晴れの日もあれば、ドシャ降りの日もある。この日常の積み重ねがまちの営みであり、まちの歴史でもあり、未来でもある。なぜなら、このまちをつくってきた先人たちも、特別なことをしてきたわけではなく、ちょっと先の未来をみんなで想像しながら、この当たり前の日常を積み重ねてきた結果、わたしたちのまちをつくりあげてきたのであるから。

　「ドラマチック四街道」では、この当たり前の「日常」に光を当てることで、みんなで地域づくりを促し、まちを次の世代にバトンタッチしていくための取組でもある。

　また、多様なソーシャルメディアの活用が広がっている現状もこの取組を進めていくうえで重要な要素となった。Facebook、Twitter、YouTube、LINEなど、ユーザ属性や反応を把握しやすく、また情報拡散力をもった各媒体はこの取組の後押しとなった。

②都市間競争（共走）

　ひとたび、周りを見渡してみると、近隣には県都千葉市、空の玄関成田市、歴史のまち佐倉市、住みよさランキング５年連続１位の印西市(注2)などがある。大きな産業や全国的に有名な観光地があるわけではない四街道市はこれらのまちと競い合いながらも、まちのアイデンティティをもち、共に歩んでいかなければならない。

　まちが自信をもって誇れるフィールドとして、この「日常」があるとしたら、こんなに力強い武器はないのではないだろうか。

　（注2）「都市データパック」（東洋経済新報社）が公表する「住みよさランキング」で2012年〜2016年で１位。

③日常は、ドラマチックなのか

このドラマチック四街道は、「日常こそ、ドラマチック」を主題に、まちの暮らしに眼差しを向け、それを発信する取組であるが、そもそも「日常」はドラマチックなのだろうか。

ある人が「四街道では、ドラマチックなことが日常的に起こるんでしょ」と言う。もちろん、そんなときもあるだろう。しかし、日々の暮らしは先ほども述べたように、当たり前の日常の繰り返しの上に成り立ち、そしてこれからも当たり前に続いていくのである。この何でもない日常こそが、四街道の未来の道程なのである。

突然の災害の脅威にさらされたり、複雑な社会問題に触れたときに、いつもの暮らしにある家族や友人、地域とのつながりに安心や幸せを改めて実感する人も多いのではないだろうか。

まさに「日常こそ、ドラマチック」なのである。

④映像「ドラマチック四街道」

これまで「はじまり篇」、「いきいき篇」、「はたらく篇」、「おまつり篇」、「青春篇」の5本の映像を公開した。

どの映像も、音楽と映像以外、それを説明するものが一切ない。視聴する人は、そこに込められたメッセージを読み取ることになる。

では、そのメッセージとは何であろうか。

たとえば、「おまつり篇」。夏に開催される「四街道ふるさとまつり」。四街道市の夏の風物詩である。本篇では、そのまつりに関わる人たちを映像に収めている。太鼓の練習をする子どもたち、会場の準備をする人たち、踊りに参加する人たち、神輿を担ぐ人たち、花火を眺める人たち…と、まつりを通してみえてくる、まちや人の表情の豊かさが丁寧に収められていることに気づくだろう。決して「ふるさとまつりに

遊びに来てください」という観光PRムービーではないのである。

　あるコンクールの講評に「おまつりにゆかりのない人にはあえて映像を見る動機がない」、「花火をきれいに撮りきれていないのが残念」とあった。そのとおりである。まちやまつりに関係のない人にとってみれば、一地方都市のまつりの様子に興味を示さないだろう。何万発の花火を楽しみにしている人にとってみれば、四街道市の100発の花火は物足りなく映るだろう。しかし、このおまつり篇が、本番に向け準備を重ねてきた人に向けて発信したものであるとしたら、まつりに合わせて子どもたちと一緒に故郷に帰省してくる人たちに向けたものだとしたら、その見え方は変わってくるのではないだろうか。

　小さい身体で一生懸命太鼓を叩く子どもたち。彼らを練習のときから追いかけた。彼らはきっと10年後も太鼓を叩いているだろう。そこには四街道の未来が見える。きれいな花火ではなく、その花火をみている家族の姿。この家族の想い出の1ページに100発の花火が刻まれていくだろう。観光PRムービーとしてではなく、四街道の歴史と未来をこの映像に見るとしたら、「まつり」という非日常世界ですら、四街道市というまちを形成する、何気ないが、しかしキラキラとした「日常」に見えてくるのではないだろうか。

　そしてこの映像が、まつりに関わる人たちにとってのプライドムービー（PV）になると思っている。

　冒頭の「はじまり篇」に戻ろう。

　そこには、学校で勉強や部活動をしている子どもたち、下校する学生たち、子育て支援センターを利用するママたち、そして帰宅するパパたちなどが、映像として収められている。四街道市が初めて制作した映像である。反応のなかであったものがこれだ。「どこのまちで撮っても同じでしょ」、「何を伝えたいの」。ベッドタウンの学校、ベッドタウンの公園、ベッドタウンの○○、一見、平凡で抑揚のない暮らしを

収めた映像に首をかしげられた。

　しかし、よく目を凝らしてご覧いただきたい。この映像に演出もなければ、脚色も存在しない。カメラで撮られ慣れていない人たちであるのに、画面から見えてくる表情は驚くほど自然体だ。この「平凡で抑揚のない暮らし」こそが、四街道の歴史であり、未来である。そして、日常的でもなければ、日常性でもない、正真正銘の「日常」がそこにあるのである。そういう視点でみると、この「日常」がとても尊く、そしてこれからも守っていきたいものにみえてくるのではないだろうか。

　また、見方によって、「子育て支援ムービー」にも、「移住促進ムービー」にも見ることができる。どちらでもよいと思う。また違う見方をしてもよい。

　行政が「楽しく子育てをするママたち」、「いきいきと学校生活を送る子どもたち」、「自然と都市空間が調和したまち」というメッセージを押し付けるのではなく、視聴する人のおかれた環境、立場、それぞれの見方でこの映像を観てもらいたいと思っている。

　ターゲットについても触れたい。

　多くの人に見てもらいたいとしながらも、大切にしているのは、目の前にいる「たった一人（一組）」である。「たった一人の太鼓を叩く子ども」、「たった一組のママと子ども」など、「たった一人」でもインタレスト（興味・関心）を惹くことで、人はシェアしたくなる。

　人はインタレストによるつながりやグループを（場合により複数）持つなかで、特にソーシャルメディアの活用が広がる現代においては、このシェアも非常に広がりやすい環境であると言える。

　そして、最後に、この映像制作でとても大切にしていることがある。「遺す」である。あえて「遺す」と書いたが、目を引くインパクトのある映像や著名人がでてくる映像は、確かに一時の盛り上がりを生む効

果をもたらすであろう。それぞれ狙いをもって制作されたものであるので、それについてコメントする余地はないが、2013年に公開した「はじまり篇」を視聴する人からの感想は、3年前のそれと変わらないのである。逆に制作本数が増えるごとにその意図がより明確になり、そこに込められたメッセージを読み取り、理解し、共感してくれるのである。普遍的なものは遺っていくのである。地元出身の著名人を使うのも、大きな打ち上げ花火をあげるのもいい。しかし、まちはこれからも未来に向かって続いていくのである。であるとすれば、遺るほうがいい。

そしてこれからの自治体動画も遺るものと消費されていくものとで分かれていくだろう。まちの本質に目を向け、映像に昇華されたとき、その映像はきっと未来に遺っていくと信じている。

これらを踏まえ、第1篇から5篇を通して視聴したときに、「日常こそ、ドラマチック」な四街道の姿を見出してもらえたら幸いである。

⑤映像以外もある「ドラマチック四街道」

これまで、映像「ドラマチック四街道」の紹介をしてきたが、この他にもこのプロジェクトで取り組んでいるものについても触れたい。

・写真集「ドラマチック四街道」

2015年の秋から冬にかけてのまちの姿を収めた写真集を制作した。映像で表現し切れなかった、写真ならではの表現方法で、まちの日常を切り取ったものである。

映像と写真集は相互補完の関係にある。手軽にアクセスできるYouTubeなどで映像に触れ、それをきっかけにインタレストのスイッチが入った人が実際に手にとってみられる媒体として写真集がある。またその逆に、写真集をきっかけに映像のもつ一瞬の繊細な表情や動きにリアリティを感じてもらう、というように相互にその狙いを高め合

う効果を生み出している。

また、映像と同様の考え方で、情報は削ぎ落とした。場所がどこであるか、写っている人が誰であるかなどの情報は排し、さまざまな立場の見方でまちの姿を捉えてもらうことを大切にした。

- ドラマチック四街道リサーチプロジェクト

市民参加型でフィールドワークを行い、次世代に残していきたい四街道市のモノ・コトを探求する取組である。行政が一方的に、まちの魅力を定義するのではなく、参加者自らが探求することで、まちを見つめ直し、まちの大切なモノ・コトの再認識、再発見につなげることを狙いとした。

そのなかから、関係者との新たなコミュニケーションが生まれるなどの副産物もあった。自分たちで見つけたモノ・コトは、自身の腑に落ち、まちを自分事として捉えることにつながり、愛着や誇りを育むきかっけになると考える。

- 日常こそ、ドラマチック展

最後に、これまでの取組や成果物を展示する「日常こそ、ドラマチック展」における来場者のSNSでの投稿を紹介したい。

Facebookより（20代女性）

写真集や映像をみていて、
……
20年くらいすんでいた、そこで生活していた事実を体感したような1日。
……
はやく出て行きたいと思っていて、本当に出てきてしまった場所
帰る家が今はその町にないことに寂しさを覚える日だった

スクリーンにうつる映像の花火はぽつぽつと小規模に打ち上げられる。
毎年夏に見ていたそれであると確信を持てるということが不思議だった。

そんな感じで多分四街道にはくるような気がしますし、来たいと思います。

> Facebook より（30代女性）
>
> 10代前半、四街道が退屈で嫌いでした。
> ……
> 双子を産んだばかりの頃は、やっぱり退屈な四街道にうんざりしていましたが、……退屈だったのは自分だったことが分かりました。
> 嫌いだったけど、実はだいぶ愛していることも分かりました。
> そして四街道がどんどん好きになりました。
>
> 四街道の人が、ドラマチック四街道の映像や写真をみると
> きっと「四街道ーーーっ」ってなります。
> 愛が溢れます。
> ……
> 市外の方が映像をみて「あら素敵な街ね住みたいわ」と思ってくれたら良いでしょう。
> でも私はやっぱり四街道の人に見て知って欲しいなあと思うのです。

　にじみでてくる愛着や誇り。たとえまちを離れようとも「ふるさと四街道」が確かに心のなかに息づいている。映像をはじめとしたこの取組が、その気づきや納得へのスイッチとなったのである。

(3) 未来を志向するまちに

　四街道市では、市民活動支援などを通して、「みんなで地域づくり」を進めているが、ドラマチック四街道の取組がどのようにまちに還元され、まちのなかで息づいているのであろうか。映像「ドラマチック四街道」も、それ単体で大きな動きを作り出すものでもなければ、そのような狙いもない。それは他のプロジェクトでも同様である。

　四街道市にはまちを主体的にいきいきとしたものにしようとする市民が存在する。一方で、意思はあるがその術を知らない、きっかけがない、実は関わっているがその実感がないなどの市民も存在しているのも確かであろう。

第5章　ソーシャルネットワークが支える動画広報

　これまで紹介した取組は、単体で大きな動きを作り出すものではないが、さまざまな思いを携えた人たちをつなぐ役目を果たしているのである。そしてそれは地域づくりの担い手を生み出していくことにもつながっている。

　地域づくりは、一朝一夕に遂げられるものではない。

　大切なのは、地道で小さな取組でも積み重ね、豊かな未来を志向していけるまちの姿勢である。そして、それを作り出していくのはもちろん「人」であり、それでしか地域づくりは成し得ない。

　その人々がこの取組をきっかけに、まちの姿に目を凝らし、まちをよりよいものにしていこうと志向しはじめたとしたら幸いであり、そのまちの仲間として、このまちと歩んでいきたいと強く願う。

3 動画をツールとした市民の一体感

埼玉県久喜市役所職員　金澤　剛史

　近年、自治体においてシティプロモーションを専門の課を設けて実施するところが増えてきた。久喜市でも平成26年度、市始まって以来のカタカナ課である「シティプロモーション課」が発足、シティプロモーションを専門的に実施することとなった。

　シティプロモーションの実施にあたり、検討されたことは「何を目的とするか。」。定住人口の増や交流人口の増など、シティプロモーションの目的は自治体によってさまざまであるが、久喜市では「久喜市に関わる全ての人が愛着・誇りを抱けるまち」と考えている。住む人はもちろん、久喜市に関わる様々な方が、久喜市を「自慢ができる、誇りに思える」まちであることを第一とした。

　住む人・関わる人みんながそう思えるまちであれば、定住人口や交流人口の増加は後からついてくるものと考えている。

　そのために、まずは市内外に、久喜市の魅力を知ってもらう必要がある。久喜市には他のまちと同様、さまざまな魅力的な資源がある。関東最大と言われる久喜提燈祭り「天王様」。関東最古といわれ、近年はアニメの聖地ともいわれる鷲宮神社。参道が500メートルもあり神秘的な雰囲気を漂わせる「神明神社」。城跡に咲き乱れる「菖蒲城趾の花しょうぶ」。……。

　しかし、平成22年に1市3町で合併したことや、都内まで1時間足らずで行けるベッドタウンという地理特性もあり、上述した魅力にしても、久喜市民でさえ知られていないものが多々見受けられる。

知られるためには、単に発信するだけでなく、発信する手段についても考える必要があった。その中で、注目したのは「動画」であった。

(1) 動画×市民参加

　動画は他の手段に比べ、発信できる情報量が圧倒的に多い。効果的に活用することで多大な効果が見込める。YouTube や Facebook、Twitter、Instagram といった SNS の発展もあり、自治体においても動画を活用した情報発信に力を入れるところが増えてきた。

　久喜市でも動画をツールとした情報発信をすることとなったが、そこで検討されたのが、動画をきっかけとして、久喜市への愛着・誇りの醸成にどうつなげていくのか。内容はもちろん、作製過程やその後の活用も含め、動画作製事業そのものをきっかけに、久喜市に関わる人々が久喜市に関心を持ち、愛着や誇りが生まれるような取組を行うことはできないかが考えられた。

　そこで挙げられたのが、久喜市の「人」にスポットをあてた内容の動画を作ることである。折りしも、「恋するフォーチュンクッキー」や「ハッピー」に代表されるような、「人」にスポットを当てた動画が注目を浴びていたということもあったが、久喜市の「人」に参加してもらうことで、「知り合いが出ているかも」というように、特に市内の人の関心を高めることと同時に、「人」を主役とし、動画の作製に関わってもらうことで、自分が出演しているという動画への愛着・誇りをきっかけとして、地域への愛着・誇りを持っていただける効果を期待した。

(2) 見られる動画にする為には

　発信するメッセージや情報は、見られなければ意味がない。例え素

晴らしい動画を作製しても、見られなくては伝えられない。

　「見られる動画」とは何かを分析してみると、「なるほど！」「面白い」「泣ける」など、感情を動かす内容の動画はよく視聴されていることが分かった。また、そういった動画ほど、SNSで拡散されていく傾向にあった。

　さらにメディアにいかに取り上げられるような要素を入れるかも検討した。HPやSNSなど自治体のツールを使っての情報発信の効果は極めて限定的であるが、メディアで取り上げられることで、市内外幅広い範囲へのPRが期待できる。

　特に市外への認知度向上は、市民の地域に対する愛着や誇りの醸成には大切な要素であると考えられる。外部からの認知が向上し、市外の人に、「久喜市って〇〇が有名だよね。」「久喜市、知っているよ。〇〇があるよね。」と言われると、「自分が住んでいる所って意外に知られているのだな。」と地域への関心が生まれ、そこから愛着は誇りが生まれていくのではと考えた。

　よって、今回の動画には、人の感情を揺さぶりつつ、メディアにも取り上げられるような要素を入れることが検討され、その結果決定したのが、「ワンカットによる動画の撮影」だった。

(3) 自治体では日本初のワンカット撮影

　「ワンカット撮影」とは"長回し"とも呼ばれ、最初から最後まで、１台のカメラで止めずに撮影する技法を言う。人間の目線のように途切れることなく、まさにそこに存在するかのように撮るため、時間軸がリアルタイムで進行し、カメラの位置や場所がワープしない。

　この言葉が一躍話題になったのが、ロックバンド「OK　GO」のプロモーションビデオであり、YouTubeでは公開後、瞬く間に700万

回もの視聴回数を誇った。その他にも第87回アカデミー賞で作品賞、監督賞を含む4部門に輝いたアレハンドロ・ゴンサレス・イニャリトゥ監督の「バードマン　あるいは（無知がもたらす予期せぬ奇跡）」や、三谷幸喜氏が脚本・監督を手掛けた「大空港2013」、IKEAによるCMなど、ワンカット撮影による作品はここ数年、様々なジャンルで増えてきている。

　ワンカット撮影の最大の特徴は、人間の視点に近いので臨場感が増し、また、リアルタイムで進行するので緊張感も増すという点である。まるで舞台を見ているかのようなライブ感が生まれ、人を釘付けにしやすい特性がある。ただし一つのミスで全てがやり直しになってしまうため、撮影時間が読めない、出演者の団結力が必要不可欠など、撮影にかかる条件としては非常に厳しく、他の自治体でも撮影例は見当たらなかった。だが、これを久喜市で実施する事のメリットについては以下の6点が考えられた。

・市民をはじめ久喜市に関わっている人たちの笑顔を全国へ届ける要素として最適な手法。

　久喜市民のエネルギーやリアルな表情を全国へ発信することが、久喜市のPRに最も繋がっていくと考え、高度な映像技術や編集技術に頼った機械的なものよりも、「人」に重きを置いたワンカット撮影は最適である。

・久喜市民の団結力をアピールできる。

　ワンカット撮影は部分的に撮り直しすることができないため、チームワークが問われる。そのため、久喜市の団結力を全国へアピールできる。

・参加者（出演者）に感動を与える。

　ワンカット撮影は一発勝負のため、撮影環境は非常に厳しい。が、

だからこそ撮影後は全員に強い一体感が生まれる。この一体感が、映像を通して出演していない久喜市民にも波及し、やがて市民が自ら積極的に発信していく正のスパイラルが生まれる。この映像制作を起点に、参加者（出演者）達に「出演して良かった」「久喜市民で良かった」と改めて感じてもらえるきっかけとなる。

・「一言」で伝えられるものはメディアに取り上げられやすい。

「県知事が踊りまくるやつ」「有名人の〇〇が出ているやつ」と、会話の中で、一言で表現できるものは波及要因となりやすい。今回「一発撮り（ワンカット）のやつ」と分かりやすいトピックを押し出せる。

・PR要素をいくつ入れても自然に最後まで見せられる。

ワンカット映像は通常の映像に比べ臨場感が高く、一気に見てもらいやすいため、さまざまなPR要素を映像内にふんだんに取り込んでも自然に訴求することが可能。見せたいものがたくさんある時に最も有効な撮影方法である。

・誰もが見たくなる舞台裏。ドキュメンタリー映像で継続的にPRが可能。

通常の映像作品に比べて、ワンカット映像は、その独特の撮影手法から、撮影の舞台裏などドキュメンタリー映像の需要が高いといわれている。本編の映像とドキュメンタリー映像、2種類の映像により、より深みのあるPRが可能となる。

撮影環境は厳しいものの、上記のように見込める効果がかなり大きいと思われることから、久喜市では「ワンカット撮影」による動画作製が決定した。

(4) 一体感を高めるために～1000人参加～

　ワンカット撮影は「動画をツールとした久喜市民の一体感の醸成」という目標を達成するためには最適のツールと考えるが、その効果を高めるにはできるだけ多くの人に参加をしていただく必要がある。そこで、世間に与えるインパクトや現実的に集められると思われる人数を検討し、参加人数を「1000人」と設定した。「1000人」もの人数を一堂に集めること自体、困難ではあるが、以下のような効果が期待できる。

- 1000人を集めてワンカットで撮影する動画は自治体では初の取組である
- 1000人が参加する事で高い拡散効果が期待できる
- 1000人という大人数で一つの作品を作り上げる事の達成感は大きく、一体感が醸成されやすい

　困難は予想されるが、だからこそ得られるものは大きいと考えられた。
　そして、久喜市はクッキーをツールとしたイメージ戦略を採っており、そこから久喜市のさまざまな魅力や資源をクッキーのカケラになぞらえ、それぞれのカケラが集まって一つのクッキーになる（＝一体感）という想いも込めて、PRビデオのキャッチフレーズを「ワンカット・ワンクッキー」として、スタートさせた。

(5) 撮影までの仕掛け

　撮影前に、「1000人によるPRビデオの告知」というスピンオフ企画を実施した。

協力していただける方に、PRビデオ撮影の告知及び参加者募集ポスターを持ってもらい、写真に撮る。その写真を繋げていって一つのメッセージビデオを作ろうというものである。目標人数は、ワンカット撮影と同じく1000人。「ワンカット撮影」は一日だけのため、どうしても撮影に来られないという方も多い。しかしこの企画に参加いただくことでPRビデオ作製へ協力したという想いや、ワンカット撮影本編そのものへの興味・関心を持ってもらえる。
　この撮影にあたって、市内外行けるイベントは全て行った。できるだけ多くの方を巻き込む事で、PRビデオ自体の認知の広がりを期待したわけである。
　撮影に協力してくれた方々は多岐にわたる。イベント来場者やゆるキャラ、久喜市内で行われていた理容組合全国大会の参加者、プロ野球球団のマスコットキャラクターやインターネット番組の出演者など著名人にも多く協力いただいた。撮影状況は市のホームページに順次アップしていき企画そのものの周知を図った。ほとんどの方は撮影に協力的であり、市のホームページに掲載されるというと一様に喜んでくれた。結果として、3ヶ月間で市内外の1048名もの方にご協力いただいた。この企画を通じて、久喜市を地域一丸で盛り上げようという機運を高めていけた。
　また、この企画の他にも、市内在住の市民ランナー川内優輝選手からの応援メッセージや、今回のPRビデオの主演女優である鶴巻星奈さんによる、当日の撮影内容のイメージ動画を放映したりするなど、ワンカット撮影本番に向けて、さまざまな仕掛けを持続的に行っていくことで当日への盛り上がりを期した。

(6) 難航した "1000人参加"

「ワンカット撮影」の撮影概要は以下の通りである

【撮影概要】

日時）2015年11月28日（土曜日）12時より最大15時まで
※終了時間は撮影が終了次第。その後、16時より17時まで上映会
　あり（希望者のみ）
場所）久喜総合文化会館
内容）音楽に合わせて簡単な振付を実施。

　一般公募は撮影日（11月28日）のおよそ3か月前より開始した。市HPやSNS、広報紙、市内外の各種イベントでのチラシ配布やインターネット番組、市内全小中学校へのチラシ配布などできる限り広く行った。しかし、その割に参加者は伸び悩んだ。皆、興味を示すものの実際に参加となるとほとんど反応が無かった。メディアにも期待に反してそれほど取り上げられなかった。検証したところ、主に次の3つの理由が考えられた。

・当日に用があって参加できない
・拘束時間が長すぎる
・「ワンカット」の意味がよく分からず、撮影内容もイメージが湧かない

　特に、3つめがメディアの反応が鈍かった原因である。ある新聞記者は「読者がぱっとイメージできないものは記事にしづらい」と話す。この「イメージしづらい」という点はイベント会場でPRを実施して

いても多く聞かれた。

　つまり最大の売りが最大の足かせになってしまった訳である。また、撮影自体について知らないという声も多く、いかに周知が難しいかを思い知った。ただ、その中において、スポーツ少年団など撮影1週間前の声がけにも関わらず快く応じてくれる方々もいて、大変ありがたいものであった。

(7) 当日は1038人が参加

　当日は天気にも恵まれ、1000人という当初の目標を超える1038名もの方にご参加いただいた。老若男女、実にさまざまな方が参加された。商工会や鉄道会社、祭り関係者、ショッピングモール、病院関係者、JA、スポーツ少年団、ボーイスカウト、ガールスカウト、高校生など……。

　一つの場所にこれだけさまざまな方が集まったのは、久喜市では初めてではないだろうか。企業の社員同士、名刺交換する光景も見られ、場の雰囲気もかなりにぎやかなものとなった。しかしどこかで誰かがミスをすると初めからやり直しという撮影内容に加え、1000人もの人数を一気に動かすのは予想以上に困難なものであった。

　当日の撮影の流れは、主演女優の鶴巻星奈さんが、会場である久喜総合文化会館建物内大ホールのステージから出発し、久喜市の歌「笑顔のまち永遠なれ」をバックにさまざまな人と触れ合いながら会場の外へと移動。会場の外ではさらに多くの人が待ち受けており、鶴巻星奈さんを温かく出迎え、ラストはその様子を上から俯瞰した映像で終わるというものである。

　会場の中と外にそれぞれ人数が割り振られており、撮影の進捗状況は設置されたスピーカーから流れる市の歌の進行具合でつかめるとい

うものであった（市の歌が流れれば本番開始。途切れれば撮影中断といった具合。）。だがここでトラブルが起きる。スピーカーの不具合が伝わらず、撮影が一体いつから始まるのか、もう始まっているのかも分からなくなった。加えてモニターチェック等に時間がかかり、中の様子が全く分からないなか、外で出番を待っている人の苛立ちが徐々に募ってきた。

そうして迎えた本番１回目は、全員の動きが合わずNG。迎えた２回目も同様であり、撮り直しの判断も遅れたため、外で待っている人の中には待ちくたびれて不機嫌になる人も出てくるなど、最初の和気あいあいとした雰囲気が徐々に崩れてきた。

そんな雰囲気を明るくしたのが子どもたちである。

グループで参加していた子どもたちが、輪になって踊り出すと、次第に見ず知らずの周りの子どもたちもそこに加わって一緒に遊ぶ。その光景に周りの大人たちの表情もほころび、徐々に雰囲気も持ち直していった。この撮影が大きなアクシデントもなく無事に成功したのは、子どもたちの力によるところが大きいと思う。

この撮影が目指すところの「一体感の醸成」とは、こういうことなのだなと実感したのを覚えている。

そして、撮影は３回目で全員の動きが見事に一致し成功した。１回目や２回目の撮影内容の完成度が低かったことから、３回でも難しいのではないかと思われていたが、ここぞという時の集中力・団結力を発揮して見事に成功させた。撮影は全体を通じて、非常に困難なものであったが、だからこそ、終了の合図が告げられた時の会場の盛り上がり・喜びはひとしおであった。終了後、すぐに会場内で試写会を行ったのだが、冒頭シーンの高校生の迫真の演技で一斉に笑いが起こるなど、会場が本当に一体となっていたように思える。一か所にさまざまな方々が集まって一つの事を成し遂げるということは決して簡単では

ないが、困難であればあるほど成し遂げた後の達成感は高いということをあらためて感じさせられた。ほぼリハーサル無しだったにも関わらず、さしたるトラブルもなく見事に成功させた人々の集中力・団結力は素晴らしいものであった。何よりも忙しい中、市内外から大勢の方に参加いただいたことは本当に感謝である。

(8) 活用こそが肝要

　撮影は無事に終了したものの、この後の「活用」が肝心な点である。
　今回の目標である「動画をツールとした一体感の醸成」を達成する為には、まずは多くの人に見てもらう必要がある。それには、ニュースリリースをはじめ、市内外に向けてさまざまな場所で積極的なPRを行っていく必要があった。そこで生きてくるのが、市内のさまざまな企業に出演いただいたことである。
　企業の方々には、動画の積極的な活用をお願いした。企業にとっても、地域に貢献しているというイメージの醸成につながるからという事で、快く応じていただいた。たとえば駅では、みどりの窓口脇に設置されているモニターで映像を流していただいており、ショッピングモールでは、館内案内モニターにて映像を流していただいている。物流会社では社員食堂に設置されてあるモニターで放映されている。
　市においても積極的な活用がなされている。公民館でのイベント時の空き時間、国勢調査時の調査員への説明会の休憩時、市外から視察に来庁された方向けの市の紹介、市内外のイベント時などさまざまな部署の協力により幅広いシーンで放映されている。
　さまざまなシーンで活用されることは、より多くの人に見てもらうことへとつながる。しかし、何よりも肝心なのは、地域が一体となって活用をしているという点にあるのではないだろうか。

(9) 外部評価はどうだったか

　今回のPRビデオは、撮影の当日はテレビや新聞の取材が入り、その後も地上波やネットテレビで取り上げられた他、Yahoo!ニュースにも掲載され、多くのネットメディアでも取り上げられた。また、日本広報協会主催の「全国広報コンクール」の企画部門で入選するなど外部への露出はかなりあった。しかし拡散は期待ほどではなかった。

　ある大手広告代理店の方にこの動画を見てもらったところ、「非常に惜しい出来」と評価された。SNS等で拡散される為には、FacebookならFacebook、InstagramならInstagramを活用しているユーザー層の特色をつかんだ上で、ターゲット像を個別具体的に想定し、さらにその像に響くような要素・仕掛けを常に考えながら発信をする必要があるという。このことは、次に向けての良い勉強になった。

(10) 次なる取組

　2016年度もPRビデオを作製する予定である。今回もコンセプトは「動画をツールとした久喜市民の一体感の醸成」。引き続き市民参加型の取り組みを実施していく。そして「1000人」というキーワード。これも引き続き実施する。

　毎年度1000人規模の人数で実施、1000人で一つの作品を作り上げるという要素を入れ続けることで、久喜市＝1000人というイメージ付けを図る狙いもあるが、継続することにより、PRビデオの作製自体がある種、市の一大イベントとして認知され、より多くの方に興味を持ってもらう、或いは参加してもらいやすくする狙いがある。また、「ワンカット撮影編」と同様のキーワードをつけることで、新作を作った際に「ワンカット作製編」にも注目が集まる効果も期待できる。

「ワンカット撮影編」は反省点もあった。しかし、この反省点を生かしつつ継続的に仕掛けていくことこそが重要と考える。さらに今後もさまざまな仕掛けをしていきながら、最終的には地域の人々が全員、積極的に久喜市PR動画の作製に関わるようになれば成功である。

　今回の動画作製を通じて、多くの地域の方と関わりを持った訳だが、企業や高校、各種団体など、地域を盛り上げたい、盛り上げる為に協力を惜しまないという方々が大勢いるという事を知った。こうした気持ちを持つ人々の活躍の場を作ったり、時にはそうした人同士をつなげたりすることが、行政ならではの役割であるし醍醐味ではないかと感じる。

　そういう意味で、久喜市における「動画」とは、行政と地域、団体と団体、企業と企業など、地域のさまざまなつながりを生むためのツールでもあるといえる。

　今後も、動画を作ることで、地域のさまざまなつながりを生み出していきたい。

第6章

新たな可能性としての「マイ広報」

第6章　新たな可能性としての「マイ広報」

●はじめに

河井　孝仁

　編者は、「ポータブルガバメント」という考え方を述べたことがある。
　ポータブルガバメントとは「携帯できる政府」という意味を込めている。本書に沿って言い換えるのであれば「携帯できる行政情報」ということになる。それは、タブレット端末でPDF化された広報誌を読むことができるという意味ではない。利用者それぞれの属性や関心に合わせた行政情報が、スマートフォンやタブレットに提供されることの必要性を述べたものである。
　これは、東日本大震災・福島第一原発事故の際に、福島県から静岡県に母親と幼い子どもで避難した家族へのヒアリングによって、その必要性を強く意識したものであった。
　静岡県にいるために福島県の必要な情報が入らない。福島県の自治体の広報誌を手に入れても、どこに自分たちに必要な情報があるかを確認する余裕が無い。福島県以外からも多くの情報があるのだろうが、その情報がどこにあるかわからない。
　そうした人々に必要な情報が届く仕組みがポータブルガバメントという発想であった。
　藤井博之氏が、サービスを考案し、自ら紹介する「マイ広報紙」は、このポータブルガバメントを一部とはいえ実現し、さらなる展開を果たそうとしている。
　吉本明平氏は、国が提供する「マイナポータル」にも触れつつ、パーソナライズされた広報について語る。
　本章は、ソーシャルネットワークの結び目としての個人に向けた広報の可能性を示している。

❶ 広報紙データの活用アイデア「マイ広報紙」

一般社団法人 オープンコーポレイツジャパン 常務理事
藤井　博之

　自治体が発行する広報紙に掲載された行政情報が市民一人ひとりにとってとても重要な情報であり、すべからく市民へ届ける必要のある情報であることは、論を待たないところである。しかしながら、情報ネットワークが高度化し、情報が氾濫する現代社会において、人が情報と接触する媒体や方法は大きく変化しており、紙媒体やウェブサイト掲載だけで届く情報の割合は減少する傾向にある。広報紙がそうした手段でのみ提供され続けると、結果として市民に届く行政情報は相対的に減少していくと推測できる。

　そうしたなか、行政情報を民間企業等が二次利用する「オープンデータ」という考え方が生まれ、国の重要な情報化施策として2011年頃より推進が始まった。「オープンデータ」とは、国や自治体等がもつデータを市民や民間企業など誰もが利用できるようにし、行政や地域におけるさまざまな課題を解決するアプケーションやITサービスを創出する取組やそこで利用されるデータのことである。

　また、国のオープンデータ施策と併行する形で、自治体の広報紙データの利活用のあり方を研究、議論する「自治体広報紙オープンデータ推進協議会（主催：一般社団法人オープンコーポレイツジャパン、主査：河井孝仁　東海大学文学部教授）」が2014年5月に立ちあがった。

　自治体におけるオープンデータ推進の検討においては、広報紙はす

でにウェブサイトにおいて PDF 等で公開されていることから、オープンデータ化し、活用することに手間とコスト負担を少なくして取り組める分野と言える。そうした背景から、本協議会において、自治体の広報担当やオープンデータ有識者らによって、広報紙データの具体的な活用方法の議論を進めた。そして、その活用アイデアとして生まれたのが「マイ広報紙」である。

「マイ広報紙」は、広報紙の情報をより多くの人に的確に伝える媒体として、各自治体の広報紙データをデジタル収集し、まとめてインターネットで再配信することで、検索エンジンで検索されやすくするだけでなく、読む人の属性やニーズに応じて配信する広報紙のパーソナライズ化や、記事情報をさまざまなメディアやインターネットサービスに提供し再配信する広報紙の多チャネル化、特定のテーマやキーワードで広報紙記事を自治体横断的に収集するキュレーション化など、広報紙情報の伝達力・到達率の向上を支援するサービスを目指している。

ここでは、紙では届けることのできないインターネットユーザへの情報発信を「マイ広報」というモデルがどう実現し、今後どう発展させていくのか、その効果や可能性について述べたい。

(1) 変わる自治体ウェブサイトの役割

自治体における広報紙情報のインターネット上での情報発信は、もっぱらウェブサイトでの掲載が中心となっている。しかしながら、果たしてウェブサイト等で掲載された広報紙をどれだけの人が読んでいるだろうか。

これは、ウェブサイトで掲載される広報紙の内容の問題ではなく、そもそもウェブサイトでの情報発信は、情報コンテンツが爆発的に増

殖している今のインターネット空間において、情報発信媒体としての効果が小さくなってきていることにある。

　つまり、インターネット上に存在する情報（＝「コンテンツ」）量は爆発的に増大し、人が処理できる限度をはるかに超えており、人のメディアに接触できる時間が限られているなかでは、人はその中から自分に必要な情報を探すことに、できるだけ手間をかけたくない方向へ向かう。昨今のウェブサービスでは、その人に必要な情報を自動的に選別し、個別に発信する機能を持ち合わせるようにまでなっているが、それらのサービスから発信される情報に人のメディア接触時間の大半を支配されるようになると、もはやウェブサイトを訪問し情報を閲覧するといった時間は消滅してしまうのである。

　そうした背景から、情報が氾濫する現代社会において、人が情報を得る手段も多様化してきている。メディアは、テレビからデジタルメディアに代わり、インターネット情報の入手デバイスもパソコンからスマートフォンへと移行しているが、インターネットで情報を入手する手段についても、各メディアのポータルサイトからだけでなく、キュレーションサービスやソーシャルネットワーク、口コミサイトや個人のブログ等、さまざまな情報提供者やサービスへと移っている。最新の調査では、現在の10代〜20代の若い人の情報入手する手段の殆どが、LINEや動画サイトといったSNSからという結果もでている。

　その一方で、情報を発信する側の配信方法も変化している。最近では新聞のようなメディアサイトの記事でさえ、自社のポータルサイトで閲覧されるよりも、「スマートニュース（SmartNews）」や「グノシー（Gunosy）」といったキュレーションメディアから閲覧される割合が断然高くなっており、そうしたサイトへの情報発信に力を注いでいる。

　だからと言って、ウェブサイトやポータルサイトが不要だというわけ

ではない。そこで掲載された情報が、キュレーションサイトやSNS等を通じて広がり、最終的に読者に伝わっているのであり、ある意味情報の発信元となっている。つまり、ウェブサイトの役割は「情報発信サイト」から、インターネット上で流通させる情報を保管するための「情報ライブラリー」へと変わろうとしている。

こうした動きは、海外のメディアサイトにおいて、顕著に現れている。米国の経済ニュースサイト「クォーツ（Quartz）」は、半年間で4,500万のビューを獲得したが、そのうち、自社サイトで見られた数は0件だったという。またその視聴者の大半はFacebookユーザであり、「YouTube」での視聴でさえ160万しかなかったとされている。あるいは、米国のニュース提供サイト「NowThis」は、分散型メディアを指向した新しいモデルのサービスで、自社のウェブサイトは持たずに、すべてのコンテンツをFacebookやTwitterなどのソーシャルメディアに配信している。

一方、自治体のウェブサイトにおいても、その役割が変わり始めている。特に海外の自治体のウェブサイトでは、そのトップページは写真や画像が大きく掲載され、お知らせ等新着情報を含め、行政情報は殆ど掲載されていないサイトが増えている。

行政情報は、トップページに設置された検索窓に訪問者がキーワードを入力し、そのサイト内のコンテンツを検索することで、必要な情報を表示させるという仕組みになっている。つまり、ウェブサイト自体は、行政情報をコンテンツ化し、情報ライブラリーとして提供する機能に限定することで、訪問者がウェブサイトの中を行ったり来たりして情報を探し回るといった行為から解放しているのである。

また昨今、国内の自治体においても、そうした動きが出てきている。神戸市や別府市等のウェブサイトは、トップページには地域の写真と検索窓だけがあり、とてもシンプルな作りになっている。つまり、ウェ

ブサイトは情報発信サイトから、情報コンテンツのライブラリ（集まり）のような形に変わりつつあるということが伺える。

これらのことから、情報が氾濫する現代社会においては、自治体による情報発信戦略では、ウェブサイトで掲載するだけでなく、人が直接的に情報に接しているGoogleやYahooなどの検索エンジンやFacebookやLINEなどのSNSなどにも情報を発信し、「情報流通力」を如何に上げるかが、今後ますます重要になってくると思われる。

(2) 発信する媒体から受信される媒体へ

では、情報が氾濫する現代社会において、広報紙等の行政情報を市民へ的確に届けるにはどうしたらいいだろうか。そのヒントの1つが、民間企業における情報戦略、あるいはマーケティング戦略に見ることができる。民間企業では自社の商品やサービスに関する情報を、この情報氾濫社会において、どう顧客に直接的かつ効果的に届けるか日々考え、戦略を練っている。

企業においてウェブサイトの役割は、企業情報のディスクロージャーとしての機能が主となり、それ以外の機能としては、情報コンテンツを一元的に蓄積するサイト、つまり発信情報の保管場所にすぎない。

企業は、自社の商品やサービスの情報をウェブサイトで直接的にユーザに伝えようとしているわけではなく、ソーシャルメディアやキュレーションサイトなど、さまざまな情報伝達ルートに「受信されるようにする」ことで、届けたいユーザに効果的に伝わるように仕掛けているのである。こうした企業の情報戦略は、自治体の広報戦略においても参考になることが多く、行政情報を必要とするさまざまな情報流通チャネルへ情報提供する仕組みを構築していくことは大いに検討に値する。

しかしながら一方で、自治体ではコストや人的な面での制約があり、

第6章　新たな可能性としての「マイ広報」

　広報戦略に莫大な予算を投入することができるわけではない。そこで、近年オープンデータという考え方が生まれ、広報業務への適用に期待が高まってきた。広報情報をオープンデータ化することで、新たな仕組みを構築せずに、さまざまな情報伝達ルートに、情報として入手してもらうように仕掛けるというものである。

　つまり広報紙の情報をさまざまなルートにそれぞれに配信するのではなく、広報紙をデータ化して誰でも利用できる環境に置き、必要とする配信チャネルやサービスに情報を取りに来てもらう仕組みを用意するのである。たとえば、広報紙なら広報紙データとしてウェブサイトなどに公開し、その情報を必要とする他のサービスで利用ができれば、そのサービスを通じて、広報情報が再配信され、結果として市民へ届く確率が上がるということだ。

　しかしその反面、他のサービス側からすると、自治体毎のウェブサイトにそれぞれに訪問し情報収集するのはきわめて面倒である。すべての自治体の広報情報を一元的に収集し、必要なサービスに必要な情報を切り分けて配信できれば、他のサービスにおいても活用が広がっていくはずだ。そこで発案されたのが、「マイ広報紙」である。

　マイ広報紙は、各自治体がウェブサイト等で公開している広報紙のPDFデータをダウンロードし、記事毎にテキストデータ化して、インターネットで配信するサービスである。データ化の作業は、サービスを運営する一般社団法人オープンコーポレイツジャパンが無償で行っているため、自治体はコストの負担なく、広報紙記事をデジタルデータ化し、インターネットへ配信ができるのだ。

　自治体にとってこのマイ広報紙への掲載効果は、ポータルサイトとしてそのサイトの訪問ユーザに広報情報が伝わるという効果だけでなく、PDFファイルから記事データをテキスト化しインターネットへ配信しているため、GoogleやYahooなどの検索エンジンで検索された

り、さまざまなキュレーションサービスでデータ収集され、それぞれの記事情報が市民へ到達する確率が格段に上がることにある。

　実際「マイ広報紙」のユーザ動向を分析してみると、記事の閲覧画面への流入は、マイ広報紙のトップ画面からではなく、8割以上が検索エンジンからであった。つまり、利用者は特定のキーワードで検索し、その検索結果に一覧表示された情報をクリックして、マイ広報紙の記事画面に到達しているのである。

　またもう1つの効果は、広報紙の情報を必要とするさまざまな二次伝達者にデータ収集してもらえるようになることがある。たとえば、広報紙データを収集して配信するウェブサービスでは、自治体のウェブサイトから広報紙をダウンロードして取り込む必要があるが、掲載された広報紙データがPDF形式だとデジタルデータとして収集しづらく、また、複数の自治体の情報を収集するにはそれぞれの自治体のウェブサイトにアクセスするなど、かなりの手間になる。

　また、それぞれのサービスが必要な情報は広報紙すべての情報ではなく、そのサービスに必要な特定の分野の記事だけであるが、PDF形式の広報紙ではそれだけに分類されたデータになっていないため、広報紙の中から必要な情報を探す手間が発生する。

　たとえば、子育て支援に関する情報提供者なら、子育て支援に関する記事だけを自治体横断型で収集したいニーズがあるが、広報紙がマイ広報紙へ掲載されることで、そうした分類が機械的に行われ、二次情報発信者に効果的に情報提供ができるため、結果として多くの情報伝達ルートに広報情報が伝わっていくことになる。つまり、マイ広報紙に掲載しておけば、横断的に自治体情報を収集する必要があるサービスに合わせて、記事情報が分類され、その結果、二次的情報伝達者を通じて、広報紙情報の流通力が格段に上がるというわけだ。

　こうしたことから、マイ広報紙の目的・使命は、広報紙をデジタル

第6章　新たな可能性としての「マイ広報」

データ化し、収集整理してインターネットに配信することで、さまざまなメディアやサービスによる情報受信を可能にし、結果として広報紙の「情報流通力」を上げることにあると言える。

(3) 1 to 1広報、パーソナル広報としての「マイ広報」

情報が氾濫するインターネット空間においては、人は常に情報の供給過多な状況に置かれているため、必要な情報を、できる限り手間無く収集、選別し、得ようとする。

そうした状況において、情報発信するメディアやウェブサービスの多くは、受信者の好みや得たい情報を把握し、ピンポイントで効果的に届ける仕組みを構築している。広報紙においても、市民それぞれの興味がある分野や情報を得たいと思う項目を知り、それに応じて情報を配信していくことは今後ますます重要になると思われる。

「マイ広報紙」では、利用者にメールアドレスや関心のある分野等の購読属性を登録してもらうことで、利用者一人ひとり（1 to 1）のニーズに応じた広報紙の情報を届ける仕組みをいくつか実現している。

①「マイページ」で入手情報をパーソナル化

マイ広報紙では、自分が読みたい広報紙の発行自治体や記事カテゴリを設定し、マイページでまとめて閲覧することができる。利用者は、住んでいるところだけでなく、勤務先や両親の住んでいる自治体の広報紙を閲覧できる。あるいは、旅先や気になる地域の広報紙をも閲覧することができる。そういうニーズは必ずしも多いとは言えないが、掲載する自治体にとって、利用者（市民）個々の細かなニーズに対しても、手間やコストをかけることなく応えることができる利点がある。

②メールによるPUSH配信

　マイ広報紙は、掲載した記事を特定のユーザーセグメントに対して、メールやスマートフォンに個別に配信する機能がある。これにより、講座の申し込みやイベントの案内など、広報紙で一旦掲載した記事を、リマインドメールとして再度案内することができる。また、ウェブサイトで掲載される広報紙では、どれだけの市民に情報が届けられたかどうかの確認はできないが、マイ広報紙はユーザのパソコンやスマートフォンを通じて、市民へ1 to 1で情報を届け、かつ、その配信実績を把握できる利点もある。

③スマホアプリ化

　一部の地域については、マイ広報紙をスマホアプリ化して配信している。マイ広報紙アプリをスマートフォンへダウンロードし、トップ画面にアプリアイコンが設置されることで、市民が広報紙を購読する機会が増えることが期待できる。自治体にとっては、スマホユーザが増えることは、特に若い層の広報紙購読率を上げる重要な施策にもなり得ると考えられる。

　つまりマイ広報は、情報氾濫時代において、インターネット上での広報情報の流通力を上げるとともに、市民自らが必要な情報を選別し、それに応じて行政が、1 to 1で、的確に届けて行く機会を提供する、広報紙の新たな情報提供のモデルと言える。

(4) 共有されることで伝わる情報（「共有」という伝え方）

　先にも述べたが、若い世代ほど、情報の多くをさまざまなネットワークから得、またその情報を重要視している傾向がある。筆者のような

第6章　新たな可能性としての「マイ広報」

世代（50代）でさえ、日々の出来事は、テレビや新聞よりも、ニュースのキュレーションサイトやFacebookでの友人の投稿から知ることが多くなり、また親しい友人や家族から得た情報の方を、信頼している可能性が高い。

　人とのコミュニケーション手段も、対面的な会話だけでなく、ソーシャルネットワークを通じたコミュニケーションに重点が移ってきている。

　自治体広報においても、そうしたソーシャルネットワークを活用することは、情報伝達力を上げる上で、欠かせなくなっている。また、ソーシャルネットワークを通じた情報発信は、いわゆる「会話」だけでなく、「共有」という形でも実現される。

　つまり、自分が得た情報を友達や家族と共有することで、情報として伝わっていくのである。そうして、それぞれの情報は、もともとの発生源である一次提供者から何人もの人やメディアによる「会話」と「共有」を経て、その人に届いている。マイ広報紙では、自分が興味のある記事をFacebookで友達とシェア（共有）したり、Twitterで発信することができる。

　つまり、広報紙の情報は、マイ広報紙のサイトに訪問した利用者でだけでなく、その利用者それぞれが発信者となり、SNS等を通じて伝播していくのである。

　また「マイ広報紙」では、「ピックアップ広報紙」というコーナーを設け、読者（つまり市民）が面白いと思った記事を取り上げ、それをブログ風に伝えるコーナーがある。市民による広報紙というわけだ。このコーナーでは、広報紙の記事が、行政サイドの伝え方ではない読者目線の伝わり方を期待できる。

　2016年6月15日発行の東京都青梅市の広報紙に市立病院の見学会の記事が掲載されている。これをある読者が「ピックアップ広報紙」

のコーナーで紹介しているが、実際の広報紙紙面の記事タイトルは「市立総合病院を見学しませんか」であった。

一方この記事を紹介した読者は、タイトルに「命を預ける病院は自分の目で！青梅市立総合病院の見学会」と題して、自分にとっての病院との付き合い方や見学会への参加に関する考えなど、広報紙記事を読者視点で伝えているのである。つまり、飲食店の口コミサイトのように、広報紙をより読者、つまり市民目線で伝えることで、読者の共感を得、伝わる情報にしている。

こうした広報紙の情報をもっと市民等に活用してもらうべく、マイ広報紙では、記事データをオープンデータとしてユーザが自由に使える機能の準備をしている。

これが利用できるようになれば、地域のコミュニティ紙や病院や介護施設でのオリジナル広報紙等を作る際のデータとして使えるようになり、結果として広報紙情報がより多くの人に的確に届けることが可能になる。

これまで、広報紙は行政サイドからの一方向の情報媒体であったが、情報がデジタル化され、誰でもが情報発信できるようになった現代においては、自治体の広報は、より多くの人のネットワークやコミュニティを介した情報配信方法も併せて考えていく必要があろう。

(5) マイ広報からマイガバメントへ（双方向の媒体へ）

マイ広報紙では、利用者にメールアドレスを登録してもらうことで、その利用者にダイレクトに情報発信が可能となる。個別に情報発信ができるということは、その個人に対して、何らかのアクションを促すツールにもなり得るということである。

たとえば、一般的に広報紙は一方向の情報媒体なので、記事や紙面

に対する意見を収集することができない。それを把握するには、別に読者アンケートを実施したり、個別にヒアリングしたりと相当なコストと労力がかかる。一方マイ広報紙では、記事の閲覧画面に読者アンケート機能を設置している。これは、その記事を読んだ読者に記事に対する意見を書いてもらうことで、自治体での広報紙の制作施策に活用してもらうという仕組みであり、いわゆる広聴的な役割の一部とも言える。

また将来的には、記事で案内されたさまざまな行政手続を、その画面から直接できる機能を備えていく予定である。たとえば、イベントや講座を案内する記事画面から直接申込登録ができたり、子育て支援に関する記事から、さまざまな申請手続ができるようにする。

こうした電子申請手続きの一部の機能は、すでに各自治体のウェブサイトからでも利用できるが、わざわざウェブサイトで手続画面を探さなくても、広報紙を見ると同時に手続き等がダイレクトに実現できるようになると、行政サービスの利便性向上につながり、その効果が小さくないことは容易に想像がつくだろう。

つまり、マイ広報という仕組みは、将来的に、行政と市民とのコミュニケーション媒体となり、さらには電子的な行政手続きを含めた、合理的な窓口（ポータル）にもなる可能性を秘めていると言える。

2 PUSH型広報の可能性

一般財団法人 全国地域情報化推進協会企画部担当部長
吉本　明平

　ネットワーク社会に見合った住民サービスのあり方が求められている。クラウドやネットワークといった技術が、たとえばスマートフォンなどを通じて行政と住民の距離を縮め、情報の共有を促進する。さらに、クラウドに展開される最新のITが、いままでにはできなかった高度な行政サービスを可能としている。

　そこでのキーワードは
- 大量に流通・共有される情報をいかに個人向けに厳選するか
- 厳選された個人向けの情報をいかに行政が積極的に伝えるか
- 伝える相手やタイミングをいかにリアルタイムに特定するか

　個人向けに厳選された情報を、行政側から能動的に、適切なタイミングで伝える広報のあり方をここでは「PUSH型広報」と呼ぶ。住民が必要とするだろう情報を行政側が選択し、その人の努力に依存せず、その人にとって最適なタイミングに届けることを目指す。

　従来の広報誌のような紙の世界では、個人向けに個別の紙面を作ることも、届けるべき個人を限定することも、個人ごとに届けるタイミングを変えることも難しかった。しかし、ITを活用した広報はそれを可能としている。ネット社会で整備されつつある技術を使えば、そのような高度な情報提供が自治体でも負担可能なコストで実現できる。

　ここでは、PUSH型という新しい行政サービスのあり方、広報のあり方を整理してみる。

第6章　新たな可能性としての「マイ広報」

(1) パーソナライズされた広報の時代

　ネットワーク社会では、情報があふれ人々は疲弊している。必要な情報と判断されるもの以外は無視され、不要な情報発信はむしろSPAMとして悪者扱いである。自治体広報もネットワーク社会に応じたものに変わらなければならない。ポイントはいかに必要な情報に絞るか。つまり、いかにパーソナライズするかである。

　広告の分野では行動ターゲティング広告など、個人の属性に合わせパーソナライズした情報提示がすでに一般化している。過去の行動などから趣味、趣向を分析し、個人に合わせた広告を打ち出す。つまり、「あなた専用」の情報であることが当然の時代となっている。

　広く「みなさん」へ向けた漠然とした情報提示は無視され、ノイズとみなされる。不要な情報のノイズに紛れると本当に伝えたいことが伝わらなくなる。不要な情報が多量に送られると利用者の満足度も低下する。ターゲットが不明確な情報は害悪にしかならない。

　そして、もはやパーソナライズはその人の過去の分析から、リアルタイムターゲティングと言われる現在の分析にまで進歩している。リアルタイムターゲティングでは今見ているウェブページや今いる場所など、現在の行動を瞬時に分析し、次の動きを予想する。そして、必要な広告を提示して起こしたい行動に誘導する。たとえ屋外にいてもデジタルサイネージなどでいつの間にか行動を導かれる。

　既に情報は個人の今に同期したものでなければ受け入れられない社会となりつつある。

(2) PUSH型サービスの時代

　行政サービスの分野ではPUSH型サービスの必要性が訴えられて久

しい。住民に公平にサービスを提供するためにはPUSH型のサービスが必須とされ、昨今のマイナンバー制度の議論のなかでも「マイナポータル」の重要な機能として謳われている。この潮流は自治体広報のあり方にも大きな影響を与える。

　PUSH型サービスとは行政から積極的に住民に働きかけるサービス形態のことである。従来の住民からの申請を待つ受け身のサービスではなく、行政側が能動的に住民に申請行為を促す。住民の申請ありきのサービス形態を申請主義と呼ぶ。その対極としてPUSH型サービスは位置付けられている。

　マイナポータルでもPUSH型のサービスを実現するとされている。マイナポータルはマイナンバー制度の中核を担う機能である。制度の実施に係る各種の情報提供はもちろん、行政が持つ住民自身の情報を確認したり、さまざまな手続を行ったりすることができるポータルページやスマートフォンアプリである。

　住民はマイナポータルを介して行政からの「おしらせ」を受け取ることができ、これに応えることでPUSH型のサービスを得られる。マイナポータルには個人あてに行政からの情報を提供する「おしらせ機能」が装備される。これを活用することで、個々人にその人だけが見られる「個人宛のおしらせ」を送ることができる。ここで申請行為を促すお知らせをすれば、PUSH型のサービス実現へつながる。

　このようにPUSH型を支援する機能が社会インフラとして整備されることで、これからの行政の基本的なサービス形態はPUSH型へと移行してゆくことになる。

(3) PUSH型広報の必要性

　PUSH型サービスは手続が必要な住民を見つけ出し、案内を出すだ

けではない。むしろ、手続が必要となりそうな住民を見つけ、予防的な対応をとることこそ望まれる。そこではPUSH型の広報が非常に重要な役割を果たす。

PUSH型サービスでは行政がプロアクティブに予防的な対応をとることが可能となる。これは、予防医療の考えに近い。医療では病気になる前の予防にコストをかけたほうが全体として費用低減となる。同じように、行政サービスでも行政からのサポートが必要となってしまってからでは遅い。そうなる前に、行政側から情報提供や助言など、必要な対応をPUSH型に取れることが理想である。

申請主義では住民がサポート必要な事態になってから申請が行われ、どうしても対処が後手になる。住民の自主的な申請意思に依存している申請主義では、住民が必要性を認識する段階にならないと事が動かない。住民が必要と感じるまで事態は放置される。そして、対処が遅れることとなる。

一方で、PUSH型サービスの機能を応用すればサポートが必要となる可能性がある住民をピックアップし、プロアクティブな対処ができる。PUSH型サービス実現にはサービスの対象となった住民を抽出する機能が必須である。この機能を応用すればサービス必要となる可能性のある住民を選び出すことができる。そして、その住民向けの行動を起こすことも可能となる。

この住民へのプロアクティブな対処は広報的なアプローチと言える。まだ手続が必要となったわけではない住民への対処は申請への誘導とは異なったものとなる。注意喚起や啓発、情報提供の要素も強く、いわば広報の一種となる。まさに個人向けに特化されたPUSH型広報である。

住民へプロアクティブなサービスを提供するには、PUSH型広報が重要な役割を果たす。住民が行政からのサポートを必要とする前に適

切な情報を提供し、自助の範囲で十分な対応ができるように支援し、より充実した生活をサポートすること。広報の新しいあり方はここにあるといえる。

(4) マイ広報の時代

ここまで見たように、ネットワーク社会において情報は個人の今に同期され、パーソナライズされなければならない。また、行政の手続も個人に合わせてPUSH型で提供されなければならない。さらには、プロアクティブに住民サポートを行うには個人のこれからに合わせたPUSH型の広報を行うことが大切になってくる。すべては個人に同期されて展開される。まさにマイ広報の時代である。

①対象者限定と広報性のトレードオフ

PUSH型広報を実現する上では、なにを、だれに、どうやって伝えるかの整理が必要となる。つまり、コンテンツ、ターゲット、チャネル。言い換えれば、内容、対象、手段である。これらが総合的に整理される必要がある。

このうち、内容と対象は相反的で、対象を限定すれば内容の価値は上がり、一方で広報性は下がる。対象が限定されるほど内容は具体的になり、有用なものになる。一方、対象が限定されるほど内容は広報的ではなくなり特定個人向けのものになる。対象限定による情報価値向上と広報性低下のトレードオフとなる。

情報作成、流通のコストが下がるなか、広報性の優先度は低く、トレンドは対象を限定して内容を整理する方向にある。情報は、パーソナライズされる時代である。行政サービスの提供、広報どちらも個人に特化しPUSH型で実現される時代である。広報性を犠牲にしても対

象を明確にし、対象にあった内容を整理して提供するべきである。

この対象の限定と内容の整理はいずれも自治体の役割である。どのように対象を分類し、それぞれに対応した情報を準備するのか。たとえば、子育て世帯と対象を分類するのか、乳幼児の子育て世帯まで詳細にするのか。それぞれの分類に対してお知らせすべき情報は何なのか。自治体が対象と内容の双方を十分に理解し、適切な整理を行わなければ、あるべき広報の姿は実現できない。

②手段の多様性とオープンデータ、マイナポータル

手段は多様であるほうがよい。対象が限定されてくると、個々人にとって利便性の高い手段も異なってくる。つまり、手段の選択肢が多いことが大切になる。また、手段は進歩の速い分野でもあり、柔軟にさまざまな手段に適用できる仕組みが望まれる。

手段の多様性を確保する手段として、広報のオープンデータ化がある。多様な手段をすべて自治体が自前で準備する必要はないし、そうすべきではない。多様性はオープンデータ化により外部に委ねることができる。そうすることでさまざまなアイデアが持ち込まれ、SNSとの連携など利用者の利便を優先した仕組みが期待できるようになる。

たとえば、「マイ広報紙」では広報紙の情報をコンテンツ（各記事）に分解してオープンデータ化することで、参加自治体の広報誌情報を横断的に閲覧できる。広報誌のデータがオープンデータ化されることで共通の仕組みで内容を参照することができ、検索や比較といったことが容易に行える。また、自分の住んでいる地域や興味を登録することで自分にあった広報内容を自動的に選択して表示してくれる。

一方で、多様性とは別に、対象者特定が進むと対象者の識別、認証の仕組みを持った手段も求められるようになる。特定の対象者向けの情報には他者に知られたくない情報が含まれる可能性が高まる。逆に、

本人しか知りえない情報まで特化して初めて個人向け情報としての価値が生まれる。そこで、確かに本人であることを確認の上、情報を伝える手段が求められる。

　個人を特定できる手段ではマイナポータルが第一選択肢となる。マイナポータルはマイナンバーカードを利用した本人確認に基づく仕組みとして提供される。確実に本人が確認され、本人だけが見る情報であることが公的に保障される。いわゆる親展情報ではマイナポータルがまず候補となる。

③対象者の特定と個人情報の取扱い

　対象者を分析・特定する技術はプライバシーの観点で課題もあるが、ネット広告などの分野ですでに広く利用されている。内容と届けたい対象が明確になると、次は対象に該当する対象者を特定する段階となる。ネット広告やショッピングなどで確立されている技術を応用する。これらの技術では収集した個人の属性情報はもちろん、行動履歴、ソーシャルグラフなど多彩な情報を分析し対象者を特定する。

　むしろ、どのように対象を整理し、分類するかの基準が重要になる。すでに述べた通り、これは自治体が責任をもって整理しなければならない。どのように対象者を認識しているのか、どの対象者を重点的にサポートしたいと考えているのか。対象の分類は、その粒度や分類基準が制度や行政としての課題設定に密接に関連するからである。

　対象の分類基準が整理されると、基準に該当するか判断するための個人の属性情報が必要となる。たとえば、子供がいるとか、所得が一定額より低いとかいったルールが分類基準であり、世帯構成や前年度所得金額などが属性情報となる。属性情報さえ手に入れば対象者であるかの判定が可能となる。

　属性情報は個人情報であり、入手には慎重を期するが、方法論は海

外事例をみると徐々に整いつつあるといえる。たとえばシンガポールの「My info」は行政への手続に必要な個人情報を住民自らが事前登録するしくみである。あるいはデンマークの「Min Side」では行政のシステムが持つ個人情報が直接連携されており、連携の可否は個人がコントロールできるようになっている。

日本においてもこのようなルールや仕組みの整備が期待される。行政間の情報連携はマイナンバー制度で開始されようとしている。民間とのやり取りについてもマイナポータルの発展機能として連携が期待される「電子私書箱」などで検討が始まっている。

④ AI時代の未来像

しかし、そのような情報の取扱いに対する心配もGoogleの広告機能などを見ればすでに無駄なことなのかもしれない。Googleの広告は個人の特性を自動的に収集し、分析し、カテゴライズし、その人に見合った広告を検索結果とともに表示している。誰も自分の趣向や属性を能動的に登録などしていない。日頃のネット利用からいつの間にか個人のプロファイルが作られ、それなりの精度でその人向けの情報が選択されている。

対象者を判定する基準についてもAI（人工知能）が進歩した現代では深く考える必要もなくなるかもしれない。行政サービスの対象者は制度で明確に決まっているのだから、本来はルールベースに定義できる。しかし、昨今のAIはそのようなルールも自動的に学習し、人間が苦労して定義しなくても、これも相応の精度で正しい判定を下す。

PUSH型の広報に重要なのはタイミングであり、そこで期待される迅速なアクションなど、むしろAIならではの領域になるかもしれない。個人が本当に行政サポートを必要としてからではなく、必要になりそうな兆候が見られたところで即座に対応する。あるいは、本人が必要

性を強く認識していなくても、あるべきサービスを提案していく。そのような素早い動きは人間では対応困難であり、すでに AI に優位性がある分野になっている。

　しかし、タイムリーな情報提供は見守りと監視の境界も意識させることになる。もし、行政の AI があなたの Twitter をフォローしていて、「妊娠しました！」という喜びの書き込みに対して、友達からのお祝いのメッセージに混じって、「出産までに必要となる手続や受給できる補助、サービスについてご提案があります」というツイートを送ってきたらあなたは心強いと思うか、不気味だと思うか。

　いずれにしても、必要なのは単なる情報（Information）ではなく、個人向けに整理され意味づけされた情報（Intelligence）である。住民は細かな大量の Information を求めているのではなく、それを整理し、具体的な行動を促してくれる Intelligence を求めている。

　従来はベテラン職員の経験、ノウハウが Intelligence を形作っていた。そこに住民サービスの要点があり、行政職員の誇りや本当に大切な役割があった。

　これからも行政職員の対応が重要であることは変わらないが、住民からの問い合わせ対応や、情報提供など、徐々に AI などに置き換わるかもしれない。あふれる情報を的確に処理し、タイムリーに住民サービスへつなげる。住民が制度を理解していることや自身の置かれた状態を正しく把握していることに依存せず、行政から能動的なサポートを与える。そのような個人に特化したきめ細かいサービス提供には、クラウド上に展開されるさまざまな IT 技術が不可欠となるだろう。

第7章
市民協働と自治体広報

第7章 市民協働と自治体広報

●はじめに

河井　孝仁

　本章では、紙媒体としての広報紙（誌）を視野の中心に置き、あわせて広報戦略を、市民協働という点から見ていきたい。

　日吉由香氏は、福智町で広報紙を担当していた。福智町の広報紙は、全国広報コンクールで特選・内閣総理大臣賞を複数回受賞するなど、華やかな成果をあげている。しかし、日吉氏の文章は「広報紙の上手なつくりかた」を述べたものではない。

　紙面で人の心を動かすとはどういうことかを語る日吉氏の言葉に、しっかりと耳を傾けることで、自治体広報とは何かが見えてくる。

　佐久間智之氏は、三芳町で従来の広報紙を大きく変えた。2015年には、全国広報コンクールで特選・内閣総理大臣賞を受賞している。

　三芳町のさまざまな連携は、プラットフォームとしての広報紙とはどのように成立しうるのか、具体的な取組から多くの要素を明らかにしている。

　藤本勝也氏は、全国広報コンクールを主催する日本広報協会において、全国の自治体に対し、広報支援を行っている。その経験から、さまざまな自治体広報のあり方を鳥瞰し、広報戦略について語る。

　藤本氏の広報戦略についての議論は、広報という取組を一方的な情報伝達のツールにとどめず、情報が集まり、情報が発散され、人の心を動かす、いわばプラットフォームにする取組として考えている。

　信頼、共通のことば、インセンティブ、という3つの要素によって成立するプラットフォームとして広報、広報戦略を考える可能性を持った議論である。

① 人の心を動かす広報

福岡県福智町総務課広報・広聴係　日吉　由香

　その広報紙と出会ったのは十数年前。車いすに乗った小柄な青年がほほ笑んでいる表紙だった。タイトルは「あきらめない」。彼の人生がつづられた4ページの特集は、すっと体に入ってきた。いつの間にか読み終え、じんわり心が温かくなったのを感じた。読む前までは想像もしていなかった体験だった。しかも手にしているのは、同じ立場の広報担当者が編集した自治体広報紙。この時初めて、紙面で人の心が動かせることを知ったのだ。「障害者差別はいけません」といったありがちな言葉は一言も無かったが、そう言われるよりもよほど説得力があった。こんなことができたんだと思いながら、すでに異動の内示を知らされていたわたしは、複雑な思いで机の荷物を整理した。

　その後、3度目の担当として、今まさにこのまちと広報に向き合っている。

　いわゆる「お知らせ広報」が当たり前だと思っていたわたしの考えを一変させた「広報あかいけ」。後に合併することになる隣町の広報紙だった。当時、赤池町は全国唯一の財政再建団体だったが、計画より期間を2年短縮し、不可能と言われていた市町村合併も成し遂げた。その背景には間違いなく「広報あかいけ」の力があったと思っている。

　だからといって、そのような広報紙が簡単にできるわけではなく、実際に一冊の広報紙だけで、ダイレクトに市民協働を生むことはきわめて困難だろう。

　「協働を生む広報」は究極のゴールではないだろうか。その追求こ

そが広報部署のミッションであり、担当者が行き着くところで直面する使命である。当初は、広報紙を無事に発行することだけを目標としていた。しかし、協働を追い求めるとなれば次元が違う。住民の意識改革のみならず、行動にまで結びつけることは、小手先で形にした紙面では到底成せない。内容、構成、魅せ方など、あらゆる面で深さとクオリティが求められる。視野も格段に広げる必要があり、見える背景まで変わってくるのだ。広報担当者として、編集の目標を「発行」というアウトプットの成果とするのか、「協働」というアウトカムの指標にするかでは、編集に臨む意気込みの段階から違ってくる。

広報紙の力で読者の意識を決定づけ、直接協働にまで結びつけるのは至難の業である。ただ、いくつかの条件を満たしつつ「協働のきっかけ」となる広報紙であれば、ハードルはより低く、実現の可能性は高くなる。

(1) 協働を生む広報紙に必要なもの

①心を動かせるか

協働を実現するためには、行動を生まなければならない。人は心を動かされなければ、行動には移さない。つまり、読者の心の琴線に触れる広報紙でなければ、協働には結びつかない。

読者の心を打つ広報紙とは何か。そのことを掘り下げたとき、やはりそれは、思いや情熱、心や魂が込められた紙面に他ならないと思う。それが紙というぬくもりある媒体にのった時、血が通った一冊の広報紙になる。当然、読者の手元に届いた紙面の重みは、単なる「お知らせ広報」とは比較にならないはずだ。

②適度な強さ

　情報通信技術の普及で膨大かつ無機質な情報に人々が慣れ、以前に比べ協働につながる社会環境は厳しさを増している。あわせて、行政への関心や期待もなかなか高まらない。

　担当者が関連情報を掲載し「協働広報風」に紙面をまとめることは難しくはないだろう。しかし、その程度ではなかなか人は動かない。逆に、これでもかと主張しすぎる紙面を躍起に作っても、行政の作為があからさまで押しつけになり、逆効果である。

　本来の協働は自発的であるべきだし、そうでなければ一過性に終わり、真の協働や持続活動につながらない。自発的な意識改革や協働を生む紙面には、複雑な背景を咀嚼した的確な情報をテーマにあわせて絶妙な力加減で掲載しつつ、人の心を動かす適度な強さが求められる。

③的確な判断材料

　住民の自発的な協働を生むためには、読者の判断基準となる正確な情報の伝達が求められる。的確な情報が正しい判断につながり、意義ある行動に結びつく。そのためには、住民目線で正しく、もれなく、偏らずに情報が載っているか。行政側の自己満足ではなく、住民の疑問を先取りしてクリアにし、コンパクトに分かりやすくまとめられているかがポイントとなる。

　たとえば単に「この公園をキレイにしましょう」と掲載しても、「忙しいのになんでわたしたちがしなきゃいけないの」「そのままでいいだろ」と心でつぶやきながら目視スルーされる可能性がある。そもそも、「財政難と言いながらこんな所にわたしたちの税金で公園なんか作って…」などと日ごろから思っている人は、怒りさえこみ上げてくるだろう。そこで、読者に伝えるべき「的確な情報」がカギを握る。「新興住

宅地には居住者数に応じた面積の公園設置が法律で定められている」「公園の財源は国や県からの補助金で、災害時には避難場所として機能する」「昨年から公園地区の犯罪件数が急増している」「空き巣や車上荒らしが最も狙うのが、環境が乱れ、スキを感じる新興住宅地だと犯罪統計で示されている」などの情報を、専門家やその地域の被害者の声を交えて伝えたら、どう感じるだろう。より我が身に置き換え、真剣に考えてもらえるかもしれないし、「今週末は運動のついでにゴミでも拾っとくか」なんて会話が生まれたら、その瞬間から協働のきっかけの針が動き出すことになる。

④信頼関係

　協働を生む広報紙の条件として不可欠なのが、住民との信頼関係だ。広報紙に住民が寄せる期待を裏切ることなく、信頼構築を持続する必要がある。生活に寄り添う一番身近で信頼できる公的媒体として、常日頃からの姿勢で、信頼を確保し続けなければならない。

　信頼している人の言葉と、大げさな言い回しや嘘の多い人の言葉は、同じことを言っていても受け取り方がまるで違うはずである。また、正しい情報ではあるが、言うことが上っ面だけで事務的な言葉では心に響かない。頑張る姿に心動かされ、人が動いて協働が生まれるように、紙面を通じた信頼関係や真摯な姿勢がなければ住民は受け入れないし、協働も生まれにくい。

　また、信頼関係の構築には、行政の透明性や説明責任も欠かせない。合併前の旧町が財政再建団体に転落した時「タイタニックの沈没のようだった」と聞いたことがある。混乱を防ぐため危機的な状況が十分に説明されず、現状が明らかになった時にはもう手遅れで、手の施しようがない。回避策もなく、かえって混乱を招き、結果的にダメージが拡大してしまう。このような事態悪化は、広報力で未然に防がなけ

ればならない。

　さらに、自治体広報紙が住民と構築する信頼関係は、そのまま行政への信頼関係につながる。自らが暮らすまちの情報を直接手にとって感じられる広報紙は、信頼関係を築くのに最も適した手段であり、効果的なツールだと言える。そのベースは、紙媒体ならではの強みによって支えられている。

(2) 紙のチカラ

①紙ならではの温度

　広報紙は文字どおり紙の媒体である。同じ情報でも掲載されている媒体によって読み手が受けるインパクトは異なる。たとえば、電子メールでお詫びの言葉が届くのと謝罪文が自宅のポストに届けられるのとでは、受け取ったときの印象はかなり違う。同じことを書いていても熱意や思いがより伝わるし、そこには紙ならではの温度があるように思えるのだ。

　紙媒体はアナログの伝達手法であり、その分歴史も古い。原始的だと言われても仕方がない。デジタル手法に比べ、人件費、印刷費、梱包、配送料などのコストや労力、スピードの面で圧倒的に劣る。

　しかし、紙媒体は未だなくならない。むしろ、その価値が再評価されているように思える。手から手へと渡って届く広報紙には、伝達プロセスにさえ意義がある。読者にとっては、手にとって開く段階から、ファーストインプレッションと情報を受け入れる心持ちが違うのである。そこに、画面と紙面の差を生む、紙ならではの強みがある。

　紙であれば直接手渡すこともできる。手触り、匂い、重さ、温度といった感覚、愛着感や情緒的価値が記憶や印象に訴求する効果を、紙の力がもたらしてくれる。

②紙ならではの重み

　自らが必要なものを選んで得るウェブの情報は、やや無機質に感じられる。ここ数年で情報量が急増し、大量に流れては瞬時に消える情報過多の環境では、情報がはかない存在となってしまう。

　ウェブの情報は掲載や修正、削除もスピーディーである。その点、広報紙は、発行してしまえば修正がきかない。発行責任者は首長であり、自治体の顔として発行するため、担当者も覚悟を持って掲載しなければならない。そこに情報の重みが感じられる。保存性にも優れ、実際、広報紙は行政文書のなかでも一種永年保存の位置づけとなる。

　今では、ウェブの台頭に比例して、紙媒体との機能的特徴のすみ分けが鮮明になってきた。紙の存在価値がなければ、すでに消えていてもおかしくない。だが今は互いの足りない部分を補完し合い、互いの強みが生かされるように共存している。

　紙ならではの情報のぬくもりは、編集者の熱と共に伝えることでさらに生きる。編集で込めた情熱は紙面ににじみ出る。情報は文字どおり「情」をもって「報（しら）せる」ものであるからこそ、心を打つのだと思う。

(3) 広報紙の強み

①手に取らせる力

　望むと望まざるとに関わらず各家庭に配布される広報紙は、リビングのテーブルに置かれた状態で、その表紙や裏表紙で読み手を引き込むことができる。生活に寄り添った広報紙は、行政離れが顕著な若年層にも何気なく手にとってもらえる可能性を持っているのである。自治体情報を老若男女問わず住民に伝えることができるのが、広報紙の

一番の強みだと思う。

②戦略的に読ませる力

広報紙は紙面に限りがある。情報が手に収まる量で一冊が完結する。その分、ウェブにはない手法を用いて戦略的に情報を認知させる力を持っている。

読者を第一に考え、読者の気持ちになって編集すれば、その手法は見えてくる。逆に、すべては読者への配慮につながっている。1つの特集、1ページ、1枚の写真、その1行で何を伝えたいのか。さらにいえば何のために、誰のために編集し、発行するのか。自治体広報の原点にもつながってくる。

かつて筆者がそうだったように、忙しい日常のなかで小難しい活字を見たくない人は多い。そのため、初めから本文は読まれないことを前提に編集している。だからこそあらゆる技法を駆使して「本文を読んでもらえる紙面」へと必死に磨き上げなければならない。

たとえば、自分が初めて雑誌を開く場面を想像する。まず写真とタイトルが目に飛び込んでくるだろう。写真に惹かれればキャプション（写真説明）も読む。だから、生きたキャプションをつけるよう心がける。威力あるタイトルは、凝縮したリード文、パンチの効いた小見出しに目線を誘導する。そんな細やかな配慮や工夫が限りなく施された広報紙は、きっと読者の目を本文まで導くことができるはずである。

(4) 広報紙の存在価値

①地域ならではの広報紙へ

地方新聞やタウン誌の購読率が高いように、エリア限定だが、自治体広報紙の存在価値は未だ高い。身近な情報が自治体という枠限定で、

地域のために、そこで生活する人のために、住民以外では得がたい形でもたらされるという地域性と限定性。これこそが自治体広報紙の存在価値ではないだろうか。

しかし広報紙は、手にとって読まれなければ発行する価値がない。印刷費や人件費、配送などのコストや労力をかける意味もない。紙資源のムダにもなる。

だからこそ、広報担当者はその立場にあぐらをかくことなく、読まれるための探求を怠ってはならないと思っている。まちの名前を隠せばどこでも通用するような紙面ではなく、そのまちならではの色やにおい、住んでいる人々の息づかいや喜怒哀楽を感じられる愛される広報紙を目指して、時代が要求する広報ニーズに柔軟に対応しつつ、挑み続けていきたい。

②「良い広報紙」でなく「良いまち」へ

わたしが最初に広報担当になった十数年前に比べ、見た目がきれいな広報紙が格段に増えた。雑誌のような図版率の高い紙面は、少ない文章量で完成させなければならない。内容を変えず徹底的にムダをそぎ落とし、凝縮させる。そこにはタイトル、見出し、リード文、キャプション、本文、全てのクオリティーが求められる。紙面相応の情報と質がないものが連発されると、当然「紙面のムダ」「カラーはやめろ」「ページを減らせ」ということになる。しっかりした中身があれば紙面を減らせとは言われないし、中身がないなら発行すべきではない。中身の強い広報紙の差は企画力と筆力でこそ明らかにされる。強い広報紙と強そうに見える広報紙は違って、キレイさとインパクトがあるだけでは強い広報紙とは言えないのだ。

小手先だけの編集では必ずボロが出る。伝えるべきことを明確に、企画が練りこまれた広報の本質を踏まえた紙面は強い。まさに人を動

かす力、協働に結びつける力がある。恥ずかしながら自分はまだその域に達していないが、広報紙の可能性は無限だ。「良い広報紙」よりも「良いまち」だと思ってもらえる紙面を目指したい。

(5) 広報担当者の特権

① 人材育成の機会として

広報担当者の特権の一つは、名刺一枚で行政という信頼感の名のもとに広報活動が行えることにある。業務上、まち全体を見渡す視野で官民の動きをとらえなければならない。自然と時事感覚は鋭くなり、知見も豊かになる。

全国の広報担当者は、膨大な情報を整理し、いかに分かりやすく深く伝えられるかに心を砕き、頭を抱えて日夜編集しているはずである。行政の施策や地域課題、住民活動と向き合いながら当事者以上に学び、集中して理解を深めている。

各自治体では多くの時間と費用をかけて人材育成の職員研修が行われているが、広報担当者は日常業務を通じて、そのまちならではの最も有意義で効果的な研修を受けているようなものだと思う。この特権と人材育成手法を手放してすべての工程を業者に丸投げしたり、若い職員の経験の機会を奪ってしまうのは、本当にもったいないと感じるのである。

② 職員手づくりの意義

福智町では、歴代広報担当者に自らで編集する手法が受け継がれている。また、広報紙をはじめ、ポスターやチラシ、計画書やパンフレットなど、業者委託ではなく職員の手によって編集されるケースが比較的多い。

そのなかで特筆すべきが「福智スイーツ大茶会」である。地域ブランド化という目的を掲げ、地域資源の魅力と六次産業化を融合させて展開するこのイベントは、3年前に始まって以来、毎年町の人口を上回る3万人以上の集客を誇っている。今では町のメーンイベントに位置づけられ、九州最大規模のスイーツイベントにまで発展した。

このイベントのPR手法は、紙媒体やSNS、メディアなど幅広いが、原点はあくまでも紙媒体だ。単なる客寄せ目的ではなく「何のために開催するのか」というビジョンが職員手づくりのパンフレットで明確に打ち出されている。そのパンフレットを、県内の洋菓子店や都市部の駅で職員と関係企業が協力して手配りする。その姿を見て、時には会話を交わしながら職員の手から顧客の手へと直接渡った情報は、棚に設置されたパンフレットよりも確実に力を持っていると思う。たとえ当日イベントに参加できなくても、福智町のことが頭の片隅に残るような、そんな次につながる一冊になっているはずである。

「福智スイーツ大茶会」のビジョンは広報紙やパンフレットを通して町内でも共有され、全庁あげてのスタッフをはじめ、各種団体、企業、地元大学や広域地域に至るまでが連動して運営にあたる。意識が変化した地元地域では、町外客を迎えるため、清掃活動をはじめとする協働の輪を広げている。筆者が把握できていないところでも小さな協働が生まれているという。

また、紙媒体の力が数値的にも反映されたのが、福智町の「ふるさと納税カタログ」だ。返礼品の魅力はもちろんのこと、職員が一からカタログを手づくりし、生産者の顔とコメントを掲載。職員と生産者、生産者と寄付者との距離感を一気に縮めた。その波及効果もあり、2015年度は前年度の556倍となる11億6,000万円、5万件以上の寄付に結びついている。

(6) 協働広報を目指して

①人間力がすべて

　感性や感覚、価値観など、担当者の力量がそのまま紙面に反映される広報紙。突き詰めて考えれば、「人間力を高めなければ」ということになる。「結局のところ、人次第」とあらゆる場面で納得させられるが、広報紙づくりにおいてもそこに行き着いてしまうのだ。

　これまでのわたしの広報編集は挫折の連続だった。しかし、広報紙の可能性に応えるためには、もっと人間力を高め、くじけずに、あきらめずに、まちへの思いを絶やさず伝え続けなければならないと思っている。

②思いを分かち合える広報紙に

　人が変わればまちが変わるというように、まちを動かすのはそこに住む人であり、まちづくりにおいては住民一人ひとりが主役である。人口が減少したからといって町は消滅しない。人々のあきらめ感や郷土愛の喪失が真の自治体消滅を招く。それらは、人がまちのためにあるのではなく、人のためにまちがあることを物語っている。住むまちをよくするために人が協働する。そのサイクルが一人ひとりの生活に跳ね返ってくる。だからこそ、一人ひとりが夢を持って前を向けるようなまちと人とのコミュニケーションを担い、思いを分かち合える広報紙づくりを目指していきたいと思う。

2 地域をデザインする広報戦略

埼玉県三芳町職員　佐久間　智之

(1) 自治体広報紙の価値

①自治体広報紙はPULL型

　自治体広報というとまず頭に浮かぶのは「広報紙」ではないか。その広報紙は何かしらのツールによって住民に届く。有料雑誌などは読者が興味を持ち、購入し手にするのに対し、自治体広報紙は質の良し悪しに関係なく、半ば一方的に届くPUSH型だ。

　ネット社会となり、自治体間では町のウェブサイトやSNSツールを活用しているが、PULL型の行政のサイトを自治体に興味がない住民が検索して閲覧することは皆無である。しかし、紙媒体の広報紙は読み手の興味があるかないかに関わらず、行政の情報を届けることができるとても価値のある媒体なのである。また、インターネットを利用していない高齢者などのネット弱者に、確実に行政情報を伝達できる貴重なツールとなっている。

　しかし、若者が行政に対して無関心であるといわれているなか、どれほどの住民が広報紙を手に取って開いているのだろうか。たとえば、子育て世代へ向けた行政から有益な情報が広報紙内に掲載していたとしても、「行政の情報なんてつまらない」「私に関係する情報なんてないだろう」という先入観から読まれずに捨てられてしまう可能性は高い。

②読まれない広報紙は税金の無駄

　実際、筆者が広報担当になる前の介護保険担当だった時、訪問先のマンションのチラシ捨て箱の中に、綺麗な状態の「広報みよし」がたくさん捨てられているのを目の当たりにした。その時に思ったことが2つある。「税金の無駄遣い」「もったいない」。

　「税金の無駄遣い」は言うまでもなく、読まれずに捨てられるということは印刷費・製本費、配達委託費など、皆さんからいただいている税金が無駄になっているということである。

　「もったいない」は当時介護保険担当であった私は、介護認定申請の受付を窓口でしていたのだが、直接窓口に来るのは介護を受ける人ではなく、その家族が申請に来る。ほとんどは介護受給者の子である。先に述べた行政の広報紙は、自分に関係ないと思っている世代である。広報紙内には介護保険や認知症予防講座などの情報が掲載されているが、知らない人がほとんどであった。なぜ読まないのかと聞くと「つまらないから」という答えが大半を占めた。

　つまり、広報紙が読まれなければ、住民に有益な情報が届かないということである。内容を吟味し、「これだ！」と思うラブレターを作ったとする。しかし、そのラブレターが読まれなければ自己満足でしかならない。

　手に取って開くこともされない広報紙は「無駄」である。無駄なものを税金で作っているのに等しいのである。そこで、広報紙を読まれる価値のあるものにしようと広報担当を志願し、2011年4月から広報みよしの制作に携わるようになった。

③読者の分母を増やす

　まず手に取ってもらうため、表紙を変えることに注力。ひらがなだっ

たロゴをローマ字に変えた。しかし、この変化の反響はすさまじく、「外国かぶれか」と住民から苦情が連日寄せられた。しかし、ロゴをローマ字にしたのには理由があった。

　高齢者は比較的時間があり、表紙が良かろうと悪かろうと、どんな広報紙でも、手に取って読む確率は高いのではと仮定したのである。しかし、若者はそうはいかない。コンビニエンスストアの雑誌コーナーに陳列していても遜色ない表紙を作ることで、まずは「手に取ってもらう」ことが重要ではないかと考えた。

　魅力的な表紙になれば、今まで全く広報紙に興味のなかった若者層が手に取り、読む可能性が高くなる。「高齢者」だけだった読者数が「高齢者＋若者数」となり、分母が増える。以上の理由から、どんなに苦情があってもひらがなに戻すことはなく、ローマ字で貫き通した。今では高齢者からは「垢抜けて素敵な表紙だ」と評価をされるまでになっている。

④読む価値のある広報紙づくり

　しかし、表紙"だけ"が良くても内容が読む価値がなければ意味がない。従来の広報みよしは、特集もなく、お知らせ情報ばかりでデザインも面白味にかけていた。そこで考えたのが「住民が主役」の広報紙づくりである。今までは一方的に行政の情報を伝えていたにすぎなかったのだが、「住民が紙面に登場して、一緒に町の魅力を伝える」「三芳町でなければ作れない特集」「企業と住民が参加する地域活性化」を意識し紙面改革を行った。

・住民が紙面に登場して、一緒に町の魅力を伝える

　広報みよし内に「AR動画で学ぼう！日本手話」というコーナーを設け、三芳町在住のろう者が紙面とAR（拡張現実）動画に登場し、町の魅力や旬な情報を手話で届けるという試みを日本で唯一実施してい

る。また、特集記事内にも積極的に住民に登場してもらい、住民自身が町の魅力を読者に訴えかける仕組みにしている。まちの人である住民は、行政が持ちえない訴求力を持っている。行政の足りない力を住民が登場することで埋めることができる。登場した住民は当事者となり、より町に関心を持つ。身近な情報を住民が紙面で伝えることは、コミュニケーションツールにもなるのである。

- 三芳町でなければ作れない特集

　自治体広報紙の存在意義をなす重要なポイントである。2016年4月に障害者差別解消法が国で制定された。これに鑑み、広報みよし2016年3月号でこの特集を組んだ。紙面には、町内で一生懸命働く障がいのある人たちがたくさん登場する。取材時には必ず笑顔の写真を撮影しようと決めていた。障害者差別解消法の説明や問題提起はほとんどしなかった。身近なところで障がいを持ちながらも働いている人たちがいることを知り、触れ合うことこそが差別解消につながると思ったからだ。

　ここで重要なのは、登場する人たちすべてが三芳町の住民であり、三芳町でなければ作ることができないということだ。障害者差別解消法は国の制度であるが、それを身近なものにするには、やはり主役である住民の力が必要である。さらに2015年7月に「LOVE MIYOSHI SNAP 撮影会」と称し、三芳町が好きな人、LOVE MIYOSHI のフォトプロップスも持つことを条件としたSNAP撮影を企画し実施したところ、206人の住民が参加した。

　参加者全員を広報みよし2015年8月号に掲載し、三芳町を愛する人たちが紙面で読者に町の魅力を笑顔で訴えるという、住民の力と広報紙の力でシビックプライド醸成とシティプロモーション、住民の当事者化を図った。三芳町を愛する人、つまり「まちの人」の力によって広報紙が作られているのだ。町をPRするという共通する目的のた

めに行政と住民が協働で実施した事例である。

・企業と住民が参加する地域活性化

　広報みよしの裏表紙で実施している「広報クイズ」のコーナーで実践している地域活性化につながる試みである。クイズのプレゼントに協力してくれる企業を公募し、商品や割引券などの提供を受ける。提供の代わりに広報紙で企業と商品をPR。住民は広報紙を読み、クイズに答え応募することで、町への関心を持つ。

　当選者は"引換券"を持参し店舗に行く。ここでのポイントは、商品を発送しないということだ。町内の企業（店舗）に当選者が直接足を運ぶことで、新たな町の魅力発見となり、企業としてもほかの商品が売れる可能性や新規顧客獲得へとつながるのである。

　この広報クイズの大きなポイントのひとつに住民からの意見を「広聴できる」ことが挙げられる。クイズのほかにアンケートを設問に入れているため、広報や行政についての意見を応募数の分だけもらうことができるのである。よかった記事や今後取り上げてほしいコンテンツ、行政に対しての意見を直接聴くことができることは、行政にとって貴重な財産ではないだろうか。

⑤広報紙による関心惹起と行動変容

　私は東京都板橋区で生まれ育った。埼玉県三芳町とは縁もゆかりもない。だからこそ三芳町を多角的にかつ客観的にみることができるのだが、これは大きな武器であると捉えている。

　磨けば輝くダイヤの原石がゴロゴロしているというのが、広報担当となってから感じたことだ。たとえば、三芳町は自然と緑が豊かで、夏になるとカブトムシを通勤途中の林で採取することができる。今でも昆虫が大好きな私にとって、子どものころ池袋の東武デパートの屋上でお金を払って買っていたカブトムシが身近なところにいるなんて、

まるで夢のような話だ。

"タガメ"をご存じだろうか。昆虫に夢中だった子どもの頃の私は、図鑑でしか見たことのないタガメがデパートで売っていたことに衝撃を受けた。雄雌ペアで「15,000円」だった。お年玉をはたいて購入したのだが、この話を講演などですると、地方の自治体は特に驚愕するのだ。タガメは稲を荒らす「害虫」で、害虫に15,000円を払うなんて有り得ない話だという。

しかし、その害虫すらも視点を変えれば1万円以上の価値がある「宝物」となる。灯台下暗し。あたり前のものが、実はほかの人から見たら貴重な宝物である可能性を、どの自治体でも秘めているのである。

「うちのまちは何も魅力がない」「特産品もないしPRができない」という自治体職員がいるが、果たして本当に魅力がないのだろうか。私はこうしたことを口に出してしまう自治体職員は怠慢ではないかと思う。自分の町の魅力を発見できないのは反省すべきことで、その自治体の広報紙はつまらないものであろう。

広報みよしで取り上げたことがきっかけ（関心惹起）となり、住民の行動変容につながった事例をいくつか紹介する。

- **竹間沢車人形特集**

三芳町には日本に3地域しか現存しない伝統芸能「車人形」がある。100年以上の歴史があり、今も地元の人たちが受け継がれてきた灯を消すまいと尽力しているのだが、それを知る住民は少なく、毎年12月に開催する公演も空席が目立っていた。そこで2012年12月号で特集をしたところ、発行直後の12月16日に行われた公演は、なんと満席となった。「大観衆の前で演じることができて感無量だ」と演者の一人は言った。

演者は車人形の存在を周知したいが、その方法がない。ニーズをアンテナを立てることでキャッチし、住民ができない"穴"を自治体広

報紙が補完するのである。当然、取材や撮影に住民は全面協力をする。特集は三芳町でなければできないものであり、住民と協働で作った広報紙が、多くの目に留まり、車人形という伝統芸能を知り、公演に足を運ぶといった関心惹起から行動変容につながった一例である。

● ホタル特集

　三芳町では自然のホタルを観ることができる。以前は全く広報紙で取り上げることはなく、知る人ぞ知るものであった。しかしこれはキラーコンテンツになり得ると感じた。なぜホタルが舞うのか。その背景には地元の人たちの想いがある。住民が登場し、なぜホタルが舞うのかを読者に訴求するような特集を組んだ（2013年6月号・2016年6月号）。

　その結果、多い日には1,300人以上が訪れる観光スポットとなった。会場で活動資金の募金をしているのだが、今年再度特集を組んだところ、昨年とは比べ物にならない寄付金が寄せられたという。地域の人たちの想いが広報紙を通じて届いたのであろう。

● 公園特集

　住民から寄せられる意見のなかで公園の情報を知りたいというものがあった。そこで、見開き2ページだけではあったが、特集をしたところ、大きな反響が得られた。特に若者に人気のバーベキューができる公園が町内にあることを掲載したところ、今まで施設予約がほとんどなかったが、爆発的に利用者が増え、今では予約待ちになるほどになった。せっかく良いものがあっても届かなければ意味がない。

　前述した、良いラブレターを書いても届かなければ意味がないのと同じである。紙面のデザインもかわいらしくしたのも、これは若者に読んでもらいたいからに他ならない。しっかりとターゲッティングをし、どの層にどう刺さるのかを意識した結果であると考えている。

⑥自治体広報紙の価値

　住民の気づきや行動を促すには自治体広報紙の情報は有益である。ただし、手に取り読まれなければ何も始まらないのは事実である。「広報紙に載っている」と免罪符のように考えているお知らせ情報ばかりの自治体広報紙では、情報が多様化してきた現代では生き残ることができない。その自治体でなければできない企画をし、魅力のある内容でなければ、住民はそっぽを向いてしまう。PUSH型の広報紙。そのまちで暮らしている住民は広報紙を選ぶことができない。毎月届くのが楽しみと思われる広報紙を作ることが、住民と行政がコミュニケーションをとる一つのきっかけとなるであろう。それこそが自治体広報紙の価値ではないだろうか。

(2) 足りないピースを協働で埋める

①できることとできないことを認識する

　自治体にはお金がない。企業は商品や企業をPRをしたい。
　ここに「まちの認知度獲得」というパズルがあるとする。自治体のピースだけでもある程度は埋まるであろう。しかし、自治体のピースだけでは形が合わずに完成することができない場合、必要なのは住民や企業、団体がもつ「ピース」である。つまり、パズルを完成させるためには、行政にできないことを認識し、既存のピースを変化させるのではなく、行政が持っていないピースを住民や企業などと協働するなどし、埋めていくことが必要なのである。
　では企業から見た場合はどうか。今度は「企業の認知度獲得」というパズルがあるとしよう。企業からすれば広告費、宣伝費を支払い代理店を通すなどすれば、容易にある程度パズルの完成に近づくであろ

う。しかし、それにはコストがかかるが、自治体と協力することで、コストパフォーマンスに優れたPRができる可能性があるのだ。

②官民協働で町の認知度獲得

「三芳町？　何県？　どこにあるの？」。いろいろなイベントに参加して直接聞いた声。痛感した三芳町の認知不足。いくら魅力のある町といっても、そもそも「三芳町」が知られていなければなにも始まらない。

そこで「埼玉県三芳町」の知名度を上げるために多角的にツールを使用し、かつ効果的に発信していくことで、三芳町の認知度を獲得し、町内外に注目されるような仕掛けをすることが必要と考えた。予算0円で官民協働で町の認知度獲得を図った。

- 三芳町広報大使モーニング娘。OG 吉澤ひとみさんの協力
- 町内には世界的な光学レンズメーカーの株式会社ケンコー・トキナーがある。三芳町のために協力（賞品提供）をしてもらい、協働で写真コンテストを開き町の魅力を写真でPR
- 広報みよしの注目度が高いことを利用して、株式会社モリサワと協定を結び無償で多言語アプリを導入し、スマホで広報みよしを6言語配信開始

これらを点で結びつけ三芳町でなければできないことを最大限に活用し、知名度をアップし、シビックプライドにつながる仕掛けを実行した。では、どのように意識したのかを検証してみる。

③行政が持つ武器

必ず住民の手元に届く広報紙、一定数の閲覧数が期待できるホームページ、情報発信の敷居が公式ホームページよりも低いSNSツール。これらはかなりの武器になる。

広報紙は広告掲載をせずとも紙面上でフォトニュースなどで紹介ができ、ホームページで紹介する場合は、紙のようなコストは発生しない。SNSはPUSH型でフォロワーに必ず情報が届く。これらのツールを企業に紹介し、企業側のメリットを説明することで、自治体ができないことを企業が補完してくれることが期待できるのだ。俗に言うWIN＝WINの関係である。
　ここで懸念されるのは「なぜあの企業だけ」「公平性は」ということであるが、その人、その企業、その団体でなければできないことを理解し、協定を締結してクリアする。ここで重要なのは、「誰のために」「なんのために」協定を結ぶのかである。私が締結してきた協定の目的は、「三芳町の認知度獲得」「住民サービスの向上」の２点のみである。
　たとえば、株式会社モリサワが開発した多言語アプリ「カタポケ」で６言語で広報みよしを配信しているが、この経緯を説明しよう。
　2015年全国広報コンクールで内閣総理大臣賞となり、日本一の広報としてメディアで多く取り上げられたことで自治体の広報紙が「広報みよし」というブランドとなった。たとえば値段も形も全く同じバッグが２つあったとして１つはノーブランド、もう１つはシャネルのものだとしたらどちらを選択するか。後者のはずだ。
　モリサワ側は広報みよしをアプリで公開できれば話題となり、インストール数、ダウンロード数の向上が見込まれ、PRできる。三芳町側から見ると、日本で初めて多言語で広報紙を配信するというインパクトで認知度獲得につながり、かつ、町内にいる外国人の住民に対してのサービス提供にもなる。さらに東京オリンピックやインバウンドへの取組の一環にもなる。まさに、WIN＝WINの関係だ。
　モリサワは「アプリのPR」、三芳町は「認知度獲得と住民サービス向上」がニーズとしてあり、お互いが持つピースでそのニーズを協定を締結しクリアすることができた。モリサワでなければ、三芳町でな

④ノーギャラで地元に貢献　吉澤ひとみさん

　三芳町出身で、元モーニング娘。OGの吉澤ひとみさんという三芳町から誕生したスターがいる。2014年11月3日に三芳町広報大使に任命し、積極的に三芳町のPRに尽力してくれている。しかもすべてノーギャラで協力してくれているので、本当に素敵な人だ。

　ギャラはお渡しできないが、広報みよし紙面で紹介ができる。広報みよし2015年3月号で特集を組んだほか、一日編集長として広報みよしの制作にも携わっていただいた。同時にアシスタントとして、吉澤さんの後輩にあたるハロープロジェクト所属のタレントJuice＝Juiceのサブリーダーで、埼玉県出身の金澤朋子さんにも無償で協力してもらった。

　これらは広報みよし2015年12月号で掲載した。するとハロープロジェクトのファンが広報みよしを取り寄せたり、多言語アプリ「カタポケ」のインストール数が増えるなどし、広報大使による効果は町の認知度獲得のみならず、協働企業にとっても有益なものとなっている。

⑤コンテンツを線で結びより効果的なものとする

　官民協働事業を点で終わらせるのではなく、線で結ぶことでより効果的となる。そこで次のようなことを行った。

　フォトコンテスト名を「LOVE MIYOSHI PHOTO CONTEST」とし、町内企業の光学レンズメーカーの「ケンコー・トキナー」と協定を結び、無償で賞品総額50万円を提供 → フォトコンテストの応募に吉澤ひとみさんと金澤朋子さんにしてもらいFacebookで公開 → 2人のファンを通じて三芳町を知ってもらうことにつなげる。

6言語化で広報みよしを配信していることをハロプロイベントでPR
→ 外国のハロープロジェクトのファンが広報みよしを見て「SAITAMA MIYOSHI TOWN」を知ってもらうきっかけをつくる。また、町内外に電子書籍を通じて広報みよしを見てもらい、三芳町を知ってもらうきっかけもつくった。

⑥予算０円での仕掛けと効果

一連の取組により下記のような結果が得られた。

町のWEBサイト・Facebook・Twitterを活用し、幅広い人に情報を配信。広報みよしに一日編集長として町の広報大使である吉澤ひとみさんが来ることを事前にマスコミにリリースをすることで多くのメディアで取り上げられた。

6言語化で広報をスマホで配信する試みは自治体広報紙としては日本初であったのでメディアに数多く取り上げられた。

写真が好きな人、ハロプロが好きな人、三芳町が好きな人たちが自発的に三芳町のことをSNSで拡散し、多くの人が「埼玉県三芳町」の存在を知ることにつながった。写真コンテストでは多くの住民が参加し、町の魅力を写真を通じて再確認できたほか、Facebookに写真を公開することで、住民自身が町の魅力を配信することにつながった。

里山里海イベント後には役場1階のロビーに一日編集長の時に着用してもらった腕章やサインなどを展示し、住民のみならず町外のファンや来町者に三芳町のことを知ってもらう企画も展開した。

(3) 最後に

先の官民協働によって認知度獲得になったわけだが、結果として「住民協働」となっていることに注目してもらいたい。SNSなどのツール

を使って、住民が三芳町の情報を自発的にシェアしている。

　認知度獲得というパズルを完成させるには行政、企業だけではなく、住民が持つピースが鍵となる。そのピースを、企業と住民を巻き込み、自ら持つ武器を活用して戦略的にデザインをしていくことが、今後の自治体広報に必要なことではないだろうか。

3 協働が広報を育て、広報が協働を育てる

公益社団法人 日本広報協会 調査・企画部次長
藤本　勝也

(1) 震災時に見られた広報(後方)支援

　2011年3月11日14時46分、東日本大震災が発生。この地震により、巨大な津波が岩手県・宮城県・福島県・茨城県などの沿岸部に押し寄せ、大きな被害をもたらした。

　震災直後から、自衛隊、消防隊、医療機関による救助活動が始まる。沿岸自治体と隣接していて、一つ内陸部に位置する岩手県遠野市は、地理的に被災地支援の拠点にふさわしく、盛岡市、花巻市などから支援部隊が遠野市に集結し、そこから沿岸部の宮古市、山田町、大槌町、釜石市、大船渡市、陸前高田市などへと展開していったのである。

　壊滅的な被害を受けている地域に住んでいる人たちのために、何かしたいと思う遠野市民。しかし、遠野市も被災地であるため、沿岸地域に出向いて支援活動をする余裕はない。そんな市民のために遠野市が取った行動は、広報による後方支援であった。

　「広報遠野」では、2011年5月号から、後方支援に対して遠野市民が協力している様子を取り上げている。支援活動にあたるボランティアに空き家を提供する人、自宅近所の施設を拠点に被災地に向かう支援部隊に炊き出しをする人など。遠野市にいながら沿岸被災地のために活動している市民を取り上げることにより、それを読んだ市民が、自分でできることを考え行動し、市民による支援の輪が広がっていっ

た。

　2016年4月14日21時26分、熊本地震が発生、同じ地域で震度7を立て続けに2度も観測する前例のない大地震により、熊本県を中心に大きな被害をもたらした。熊本県菊池市も、大きな被害を受けたが、より大きな被害を受けた阿蘇地方や益城町などに対する広報による後方支援を行っている。遠野市と同じように県外からの復興支援団、災害ボランティアスタッフへの炊き出し、宿泊施設の提供など、復興支援活動をサポートする市民を「広報きくち」2016年6月号で取り上げている。

　今、自治体広報に求められていることの一つが、このように「やる気」のある住民のために何ができるかを情報発信する広報支援である。

(2) 逼迫する自治体財政に求められるもの

①行政負担をいかに軽減していくか

　全国の自治体の財政が逼迫する中、それぞれの自治体では、行政の効率化、コストの引き下げなどさまざまな経費削減に取り組んでいる。それに伴い、住民が望む行政サービスの一部が制限されつつある。住民が単に行政サービスを受けるだけの状態では、行政の負担が増えるばかりで、経費削減につながらない。しかし、今まで行政で行っていたことを、住民自身ができることは自主的に行うようになれば、その分の行政負担は減る。この仕組みをどう作っていくか。今、地方行政に求められるのは、「住民協働」である。

②「難問解決！ ご近所の底力」の仕組みを自治体広報で育てる

　かつて、「難問解決！ ご近所の底力」というNHKのテレビ番組があった。問題を抱えている町内会・自治会の代表が十数人スタジオに

集まる。その問題にいち早く取り組み、成果を上げている他の自治体の人が登場し、妙案を提案。その案が効果的かどうかを、テーマに合わせた特別ゲストとともに、スタジオに参加した全員で議論し、知恵と工夫で難問解決に立ち向かう内容である。取り上げるテーマは、「放置自転車」「ゴミの分別」「住宅の防犯」「バスも鉄道もない生活の足」など。2003年から2010年まで放送された。取り上げるテーマは、「糖尿病」といった健康情報も含まれるなど、年を追うごとに変化はあったが、初期に取り上げられたテーマは、まさに行政で取り組んでもおかしくない問題ばかりであった。

　行政サービスに頼ることなく、地域の人たちで自主的に対応していく流れができれば、行政の予算はほかに回すことが可能である。

　この仕組みを自治体広報で育てるのである。

(3) 住民のやる気をのばす広報

①自治体が間接的に携わり住民が情報発信する場をつくる

　自治体広報は、施策や制度を説明したり、特定の対象者が享受できる行政サービスを知ってもらったりという大きな役割がある、そのために、まずは住民が広報媒体に接触してもらう必要がある。自治体広報では、住民がいかに広報媒体に接触してもらえるか、さまざまな工夫を行ってきた。

　広報紙を例にとると、「住民を紙面に多く登場させる」「行政情報以外の興味を持ってもらえそうな記事を掲載する」といった内容面の充実から、「広報紙の内容をバスの中吊り広告に掲載」「テレビやラジオで広報紙の内容、取材時のエピソードなどを紹介」「広報紙の展示会を開催」といった広報紙の広報が行われてきた。

　このほか、比較的昔から行われてきた手法に、広報媒体制作への住

民参加がある。市民リポーター、市民カメラマン、市民編集委員などである。

　たとえば、青森県弘前市の「広報ひろさき」では、大学生が取材・執筆を行うコーナーがある。これは、市長と学生との意見交換会の場で、大学生の市広報紙への無関心さが話題になり、学生から「若い人が関心を持てる広報紙への改善案」として、広報紙に大学生が編集するページを提案したことがきっかけであった。

　最近では、SNSが広がる中、「自治体のブログに住民が情報発信する」「住民自身のブログに自治体の情報を発信する」手法も見られる。たとえば、愛知県田原市では、公募による市民の広報サポーター数人が協働でブログによる情報発信を行っている。広報サポーターが情報を発掘し、市民の目線で市の魅力を発信している。

　広島県東広島市では、「市のことが好き、応援したい」と思う人を「東広島市PRサポーター」として任命し、自身のウェブサイトやブログなどで、東広島市の魅力を発信している。

　鳥取県米子市では米子が好きで、個人でブログを運営して米子の情報を発信している地元のブロガーを「まちなか特派員」に任命し、中心市街地に関するさまざまな情報を月に1、2本程度、それぞれのブログから発信している。米子市では、ブロガーに対して情報発信の話題を提供するために、中心市街地にあるスポットを訪ねるモニターツアーも実施している。

　このような手法は、自治体広報が間接的に携わって、住民が自主的に情報発信をする場を提供している例である。場を提供すれば、やる気のある住民は、積極的に参加する。さらに、参加した住民に向けて、情報発信するための育成を行う例も見られる。たとえば、参加者に対して、写真撮影のテクニックを教えたり、動画撮影・編集の研修を行ったりもする。

長崎県島原市では、「島原情報マイスター」認定講座を開いている。これは、SNSの活用ノウハウを学ぶもので、受講した生徒は、島原情報マイスター認定者となり、市のFacebookに旬な情報を掲載できる。
　このように、住民と協働で広報（情報発信）している自治体が多く見られる。これが、住民の地域活動につながる可能性は十分ある。

②自主的に活動している住民を広報媒体で紹介する

　しかし、理想は、自主的に活動している住民を見つけ出し、広報メディアで取り上げることだ。先に述べた震災時の広報（後方）支援のように、住民の活動を紹介することにより、「自分でもできるかもしれない」と共感してもらい、実際に行動に移してもらえることにつなげる。もちろん、震災時のボランティア支援だけではない。行政が「まちをきれいにしましょう」と呼びかけても、お仕着せ感があれば住民は反応しない。「まちをきれいにするために、こんな活動をしている住民がいます」と紹介することで、その情報に触れた人は自分事としてとらえ、やがては清掃活動に参加するきっかけになったり、「自分も清掃活動をしたほうがいいかもしれない」というやる気を起こしたりするものである。
　かつて行政が行ってきたことを、地域住民が自主的に行動する。結果的に行政の財政負担も軽減される。広報は、住民に自主的に動いてもらうための後押しをいかにできるかが問われているのではないか。

(4) 広報によって住民意識を醸成するプロセス

　これからの自治体広報に求められるのは、単なる情報発信だけにとどまらない。広報によって住民意識を醸成する使命もあるはずである。そのためのプロセスを考えてみる。

第7章　市民協働と自治体広報

①人材を探す

　まずは、人材を探すこと。自主的に活動している人は、自身の活動を多くの人に知ってもらう意識を持っているわけではない。そのため、広報担当者は、積極的にまちに出て、さまざまな住民とコミュニケーションを取り、情報収集しなければならない。待っていても情報は集まらない。

　たとえば、地域活動をしているキーパーソンがいるとする。NPO団体の代表や、何かの保存会会長など、地域活動に関わっている人材は、すぐに見つかるかもしれない。しかし、そういった人の活動は、志が高く、その活動を広報で伝えても、「とても私にはできない」と、住民にとって自分事にならない。だれもがまちづくりの主役になるべきであり、そのためにも住民がすぐにできそうな活動をしている人を探して、情報発信することが大切だ。

②協力者を増やす

　次に協力者を増やすこと。

　熊本県菊池市では、地元の高校生が「世界一長い流しそうめん」に挑戦した。当初は、高校生のほかに参加者が少なかったそうだ。そこで菊池市では、Facebookなどで、高校生が竹を切って、流しそうめんが流れる「とい」を作る様子を発信し、協力を呼びかける。そのことにより、その高校生の取組に共感し、住民が手伝うようになり、その輪がどんどん広がっていった。

　自治体が主体となって何かを呼びかけるのではない。あくまで住民が主体であり、それを自治体が効果的に広報していけば、必ず伝わる人に伝わるはずである。

　「人材を探す」「その活動を発信する」「協力者を増やす」。自治体広

報に求められているのは、広報によって地域活動を育てていくことではないだろうか。

(5) 住民に自治体を好きになってもらう広報

今までは、地域活動に取り組んでいる人を情報発信していくことで、地域活動を広げていく広報の手法について述べてきた。

しかし、現実問題として、地域活動に取り組んでいる人は多くない。ほとんどの人が地域活動、いや地域そのものに無関心ではないだろうか。

「通学・通勤に便利だから」「たまたまいい物件が見つかったから」、そんな理由でその土地に住み始めた人は往々にして、住んでいる自治体のことに無関心だ。当然、広報による情報発信も届かない。そんな人に自治体に対して関心を持ってもらうためには、自治体のことを好きになってもらう必要がある。

①自治体のストロングポイントを見つける

まずは、自治体のストロングポイントを見つけること。

宮崎県小林市では、小林市で使われている西諸弁に目をつけた。フランス人がフランス語で小林市を紹介しているように見える動画を紹介したが、実は、フランス語ではなく、西諸弁だ。ほかにも、西諸弁を使ったポスターを制作。これらは、西諸弁に触れたことのない人にとって何のことか分からない。しかし、地元住民や出身者には、話題になる。これは特殊な例かもしれないが、このような自治体のストロングポイントを見つけて、発信していくことにより住民は住んでいる自治体の良さに気づき、自治体のことを好きになってくれるかもしれない。

②住民にストロングポイントを見つけてもらう

住民にストロングポイントを見つけてもらう手法もある。

千葉県四街道市では、市に対する思いや自身の夢をスケッチブックに記入してもらい、ウェブサイトに日めくりカレンダー形式で公開した。市民がスケッチブックに何かを書く行為によって、市への思いはふくらみ、自然に市のことを好きになるかもしれない。このように、住民が自治体に愛着を持つ気持ちを醸成していくのも広報のもう一つの役割ではないだろうか。

(6) これからの自治体広報

自治体のことを好きになってくれれば、「住んで良かった」と思い、人に自慢したくなる。SNSの普及で、住民も自治体の情報発信者になる時代だ。普段からSNSを使いこなし、発信意欲の旺盛な世代を巻き込んでいけば、自治体の良さが、住民からどんどん外に発信されていく。

そして、「もっと住みよいまちにしたい」「もっと自慢できるまちにしたい」と住民の意識が変わり、それが地域活動につながっていけば理想である。

地域活動に関わる人を支えるのも広報の役割だが、自治体を好きになってもらうのも広報の役割だ。そのためには、自治体広報は住民と密接な関係を築き、住民と協働で自治体を盛り上げていく必要がある。これからの自治体と住民との関係は、「熱心な住民が自治体を支える」から、「熱心な住民に自治体を支えてもらう」ように変わっていくのかもしれない。

自治体が発信する広報に、いつも住民の笑顔があふれているように

なれば、住民はますます住んでいる自治体を好きになり、何かきっかけさえあれば地域活動に参加してくれることだろう。
　自治体広報は、行政のお知らせだけを発信している時代は、とっくに終わっているのかもしれない。

第8章

自治体広報を分析する視座

第8章 自治体広報を分析する視座

●はじめに

河井　孝仁

　最後の章は、自治体広報を学術的な俎上に載せ、論理的に分析する。
　第7章までの具体的な内容をいったん抽象化することで、自治体広報について、より本質的なアプローチを行う。
　これによって、本書を単なる先進事例集とせず、先進事例を構造として学ぶための素材とする。
　野口将輝氏は広報評価を、金井茂樹氏は広報広聴を、秋山和久氏は広報戦略を、マクナマラ、松下啓一、コトラー、ポーターなどの先行研究を踏まえて、抽象化し、構造として考えて分析する。
　若干、歯応えのある議論になるが、ぜひ積極的に読み解いてほしい。

　本章で『ソーシャルネットワーク時代の自治体広報』を閉じる。私たちは常に新たな時代を迎えつづける。ソーシャルネットワークが飛躍的に注目されるようになった、この時代も、その一つである。
　しかし、自治体の目的は変わらない。地域経営への市民の積極的な参画を促し、市民自らが人々の持続的な幸せを支えられる地域を作るために、自治体は尽力する。
　自治体は、さまざまな領域で、この目的を実現する営為を図っている。
　『ソーシャルネットワーク時代の自治体広報』が、その営為にとって何らかの意味を持てば、編者として大きな喜びである。

1 市民協働の観点からの行政広報評価

北海道大学　野口　将輝

(1) 行政広報評価の模索の時代

　近年、これまで積極的には行われてこなかった行政広報評価が、地方自治体レベルで行われはじめている。たとえば2012年には東広島市、そして春日部市で広報効果の調査が行われており、前者は広報ツールの利用状況を、後者は広告換算を指標に行政広報評価が行われた。

　また、公益社団法人日本広報協会は武蔵野市の業務委託のもと、2008年に住民アンケートによる行政広報評価を行っている。この調査では、住民の広報誌をはじめとした広報ツールに対する閲覧の頻度、情報の到達度などの評価をはじめ、市への愛着度、情報満足度などの住民の態度を測定した。

　2013年に行われた町田市の調査でも、短期的な効果測定としては広告換算、中長期的には、市内調査では、住民の愛着・誇り、定住意向等、対外的には来訪意志や移住意向を測定している。

　しかし、このように広報評価が地方自治体でも少しずつ実践されてきた一方で、その評価方法や評価の軸、評価指標は定まっていないのが現状である。

　地方自治体で進みつつある広報評価の試みの背景には、第一に、1990年代以降、地方自治体に対して、経営的視点を持ち込むNPM（ニューパブリックマネジメント）が導入された結果、行政評価が求められるようになったことが挙げられ、その一環として広報活動にもそ

の評価がおよんでいると考えられる。NPMの基本概念であるPDCA（Plan：計画、Do：実施、Check：検証、Action：見直し）サイクルの観点からも、評価（Check：検証）は重要な位置を占めており、評価という行為無しでは戦略的広報も実在し得ない。

　第二に、地方自治体でもインターネットやソーシャルメディアによる広報活動が浸透した結果、これまでの広報誌主体の広報活動では困難であった評価が、容易に行えるようになったことが挙げられる。

　特に、FacebookやTwitterをはじめとしたソーシャルメディアによる広報活動に関しては顕著である。多くの自治体がFacebookページに対する「いいね！」の数やTwitterのフォロワー数をその広報活動の一つの広報の成果として捉えている。これは、2013年頃から注目を集めはじめた地方自治体のPR動画も同様である。動画サイトにはこれまでの再生回数が表示され、多いものでは100万回以上再生されるものも存在する。

　そして、地方自治体の広報担当職員でなくとも、その他の部門の職員や住民であっても、ページにアクセスするだけでその成果を確認できる。地方自治体の広報担当者は、その数を気にせざるを得ない状況が作り上げられたと言える。しかし、そのような「いいね！」数や動画再生回数の増加が、行政広報の本来の目的だろうか。

(2) 広報評価モデル：アウトプット評価とアウトカム評価の別

　これまで広報評価に関し、多くの研究者がその評価モデルを提起してきた。たとえば、オーストラリアの評価専門家であるジム・マクナマラは、『広報・PR効果は本当に測れないのか』（翻訳・ダイヤモンド社・2007年発刊）において、三層からなるピラミッドを用いた評価モデルを示している。

そして、その評価の段階を下からインプット、アウトプット、アウトカムの３つの段階に分けている。具体的には、インプットはピラミッドの最下層に位置し、ニュースリリースの情報の内容や、ウェブサイトのデザインやコンテンツなど「準備の評価の段階」と言える。また二段階目のアウトプットは「実践・手段の評価の段階」であり、メディア掲載量、イベント開催数、ウェブサイト掲載量などを評価する。最後に三段階目のアウトカムは、実施した広報の最終評価である「影響に関する評価の段階」であり、対象者の行動、態度、認知の変化を測定する。

　この評価モデルを前述の「いいね！」数や動画の再生回数での評価に当てはめれば、これらはあくまでアウトプット評価という実践・手段の評価の段階であり、本来求められるその影響の評価とは異なる。

　実際、Facebookの「いいね！」数や自治体PR動画の再生回数を増やすことが最終的な目標ではないはずである。本来は、前述の武蔵野市や町田市のように、地域への愛着や住民の満足度を成果とし、自治体PR動画であれば、移住者数の増加などへの影響を評価する必要がある。

　行政広報評価においては、アウトプット評価に専心するのではなく、アウトカム評価を設定した上で、両者の関連性も含めた評価を行う必要がある。

(3) 市民協働における行政広報の役割

　これまでの行政広報評価の議論を踏まえれば、現代の自治体、特に基礎自治体の住民向けの行政広報はどのようなアウトカム評価を設定することが望ましいか。ここでは、市民協働の実現の観点からその評価指標を検討していきたい。

第8章　自治体広報を分析する視座

　近年、市民協働による住民自治を念頭に置いた自治基本条例の制定が進んでいる。具体的には、自治基本条例の多くは、住民参加、住民の協働による自治体経営を定めている。自治基本条例は、2003年に北海道ニセコ町で採用された「ニセコ町まちづくり基本条例」に始まり、その数はNPO法人公共政策研究所によれば、2015年12月現在で344に上る。

　このような市民協働が求められる背景として、民主主義の観点からの住民の政治、行政への参加という理念的なものに限らない。多くの自治体が、少子高齢化・人口減少とともに、厳しい財政事情を抱える中、行政の果たす役割は多様化しており、これまでと同様の行政サービスを行うことが難しくなっている現状も影響している。

　このような背景のもと、地域における協働の促進において、行政広報が担う役割は大きく、官民協働で広報・広聴活動を行う「協働広報」も提起され始めている。

　広報研究者の宮田穰氏は、『協働広報の時代』（萌書房・2012年発刊）において、今世紀は「協働広報の時代」とし、協働広報を「組織および地域、社会の共通課題に対し、ステークホルダーが協働し、その解決を図ることを通して、相互の信頼関係を継続的に深めていく活動である。」としている。

　実際、公益社団法人日本広報協会によれば、茨城県古河市、群馬県邑楽町、千葉県八千代市をはじめとし、全国9の地方自治体が広報誌づくりの作業に住民が直接参加している。

　一方、地方自治の観点から市民協働の研究を行う松下啓一氏は『協働が変える役所の仕事・自治の未来　市民が存分に力を発揮する社会』（萌書房・2013年発刊）で、協働広報についてやや異なる観点から言及している。松下氏は、協働広報の視点について、自治体広報を市民の自立や貢献性の推進、つまり自治の担い手をつくるということを基

本に再構築することの必要性を説いている。前者の協働広報は「地域の多くのステークホルダーとの協働での広報」を指すが、後者は、「いかに広報もしくは、協働での広報活動によって、市民の主体的な協働意識を促していくか」を説いている。

　ここでは松下氏の視座を踏まえ、協働広報、あるいは協働型広報とは区別し、後者を「協働推進広報」とそれを呼ぶことにする。そして、現在の行政広報に求められているものこそが、この協働推進広報であると考える。

(4) 市民協働の特徴

　協働（Coproduction）は行政学者の荒木昭次郎氏が『参加と協働—新しい市民＝行政関係の創造—』（ぎょうせい・1990年発刊）によって初めて紹介し、「地域住民と自治体職員とが、心を合わせ、力を合わせ、助け合って、地域住民の福祉の向上に有用であると自治体政府が住民の意志に基づいて判断した公共的性質を持つ財やサービスを生産し、供給してゆく活動体系である」と定義されている。

　しかし、従来の地方自治で用いられてきた「市民参加」とは何が異なるのか。松下氏は協働と市民参加の差は誰がイニシアティブを取るかによって分けられるという。つまり、行政がイニシアティブを取り、市民が参加するものを市民参加とし、行政および市民の両者がイニシアティブを取るものを協働となる。協働は、あくまで市民参加における一形態であり、市民と行政が対等に関与する状況といえる。

　地方自治体に求められる市民協働は、行政の提示した枠組に参加する従来の住民参加とは異なり、行政と住民が対等に地域に関与するものであり、その協働領域は両者の重複領域にあたる。

　協働には従来の市民参加に比べ、市民のより積極的な関与の意識と

同時に、行政側の変化・歩み寄りの意識が必要である。

(5) 行政広報評価指標としての住民の協働意識

　ここで扱う協働推進広報はその評価指標として「住民の地方自治体や地域に対する協働意識・協働活動への参加意向」を測定する必要がある。これは、マクナマラの評価モデルにおいては、実施した広報の最終評価で、「影響に関する評価の段階」であるアウトカム評価に相当するものである。

　しかし、行政広報によって住民側の協働意識を高めるだけでは、市民協働は成立しない。上述した市民協働の議論を踏まえれば、協働推進広報には、行政自らの変化も求められると言える。そして、その成果に関しては、外部に対する影響だけでなく、行政および職員の意識の変化の観点からも評価されるべきである。

　しかし、これまでの行政広報研究では、「行政広報は、行政の外部（市民・企業・域外）に対し、態度・意識変化を起こすものというパラダイム」が存在していた。実務者だけでなく、研究者においても外部の変化が当然視されており、広報活動によって自身の組織がどのように変化したかは語られていない。それに加えて、本来求められるはずの評価も行われていない。協働推進広報には外部の変化に合わせ、行政内部の変化も必要といえる。

　ここで、広報活動をシステム論としてとらえる考え方を紹介したい。アメリカの広報研究者であるS. カトリップ、A. センターおよび、G. ブルームは『体系パブリック・リレーションズ』（翻訳・ピアソン・エデュケーション・2008年発刊）において広報活動をシステム論的にとらえ、オープン・システムにある主体は、環境の変化を和らげたり、受け入れたりするために調整と適応を行うとしている。

具体的には、構造（システム本体）とプロセス（システムの行為内容）、政治・経済・社会的要因などと相互に影響を与えながら、その最終目標の状態に影響を与える。また最終目標の状態から目的・目標に関する肯定的・否定的な情報などのフィードバックを受け取り、構造とプロセスが再調整されることになる。このオープン・システムをとる組織は生き残るために絶えず、変化し続けなくてはならない。

　市民協働を推進する自治体も、このようなオープン・システムを取ることで、行政広報によって住民の協働意識、協働活動への参加意向を高めると同時に、広聴活動を通して、住民からのさまざまな支持や批判を含めたフィードバックを受け取りながら、行政組織自体も変化していく必要がある。その活動を継続することで、対等な形での両者の歩み寄りが実現されるだろう。

　ただ、行政広報は、住民への情報発信である（狭義の）広報と住民からの情報収集の広聴から成り立つが、その広聴が住民をはじめとしたステークホルダーらからの単なるアリバイ的な情報収集であってはならない。

　ソーシャルメディア時代、投稿されるコメントを通じて、従来に比べればステークホルダーからのフィードバックを得やすくなっている。市民協働による地域の統治を行うには、地方自治体には自らの変化を念頭に置きながら、旧来の伝統的な面談、手紙、懇談会、モニター制度などを併用しつつ、ソーシャルメディアのメディア特性を理解した上で、積極的な活用を期待したい。

(6) 広報評価の必要性とその難しさ

　経営的観点を含めた現代の自治体運営には、必ず行政評価が求められており、それは行政広報の分野でも同様である。特に、市民協働指

向での自治体統治を目指す場合、住民をはじめとしたステークホルダーの協働意識・協働活動への参加意向をアウトカム指標として評価するとともに、一層の行政組織自体の変化も求められ、その職員意識も評価する必要がある。

　ただ、行政広報評価の留意点として、アウトカム評価の手間と難しさが挙げられる。アウトカム評価である住民の協働意識・協働活動への参加意向を測定するには、原則住民へのアンケート調査が必要であり、「実践・手段評価」であるアウトプット評価に比べ、多くの時間とコストを要することになる。

　その評価を即時に行えるアウトプット評価に対し、このようなアウトカム評価は頻繁に実施することができない。そのため、日々の成果に対しては、代替的にアウトプット指標を成果として用いた上で、年単位の広報評価ではアウトカム評価を実施することが望ましいだろう。ただ、そのためには、あらかじめアウトプット評価とアウトカム評価を同時に行い、両者の関連性を検証しておく必要がある。繰り返しになるが、決してアウトプット評価を最終評価にしてはいけない。

　ソーシャルメディア時代のアウトプット評価意識の浸透は、地方自治体の広報実務者に中に、広報評価意識を醸成するきっかけとなった重要な分岐点である可能性がある。その意識のもと、最終目標であるアウトカム評価を継続的に実践することによって、PDCAサイクルの評価（Check：検証）が機能し、それに付随し、Plan：計画やAction：見直し、の重要性も増してくるだろう。このような活動を通して、将来的には、多くの地方自治体が漫然とした行政広報から脱却し、戦略性を持った行政広報が実践されることを期待したい。

2 信頼関係の構築を目的とする広報広聴

行政広報アドバイザー　金井　茂樹

　人口減少や高齢化をはじめ、地方分権改革の進展、ICTの急速な発達と普及、地域間競争など自治体を取り巻く環境が大きく変化しているなかで、自治体は複雑・多様化する地域社会の課題を自らの創意工夫によって解決を図ることが求められている。これは従前の画一的な運営を脱局した「自治体経営」の要請である。しかし、自治体が自ら保有する資源だけでその課題解決を図ることはもはや不可能である。解決のためには、地域住民や住民組織、NPO、民間企業などの公共を担う主体との協働による資源の結集が必要である。その協働の基礎となるのが相互の信頼関係である。

　そして、この信頼関係の構築をするのが自治体の広報広聴活動である。今日の自治体は、広報紙、ウェブサイト、SNS、パブリックコメント、モニター制度、世論調査といったさまざまな手法を用いて広報広聴活動を展開しているものの、自治体と住民とを結ぶチャネルは複雑・多様化し、広報広聴の現場は試行錯誤を続けているのが現状である。

　そこで、本稿では自治体経営における広報広聴の基本となる理念的な枠組みを示すとともに、広報広聴における市民協働の意義と戦略について検討する。なお、ここでは自治体広報を二元代表である首長と議会がそれぞれ主体となる「行政広報広聴」と「議会広報広聴」に区分して論を進める。

第8章　自治体広報を分析する視座

(1) 自治体広報広聴の変遷と自治体経営

① 自治体広報広聴の変遷

　自治体の広報広聴は、戦後GHQの示唆による民主化政策の1つとして導入されたPR（Public Relations）からはじまった。当初はPR概念の理解が進まず広報技術のみが偏重されたが、その後のCIE（民間情報教育局）の指導により、1950年代半ばまでには広報紙の発行や報道対応等を中心に市町村の広報体制は整備された。1960年代には広報広聴の品質や評価について問題が提起されはじめた。つづく1970年から1980年代においては情報公開と広報との関係について議論が深まり、不十分な市民参加の補完的役割を果たす広報の重要性が指摘されるとともに戦略的な実践が求められた。1990年代以降はICTを活用した広報広聴が展開され、自治体が発信する情報の流通形態・循環環境は大きく変容してきていた。

　他方、広聴はGHQの指導による科学的手法としての「世論調査」によって始まった。その後、1960年から1970年代においては公害を端に発する住民運動と革新自治体の台頭により「対話」による広聴活動も展開されるようになった。1980年代は市町村計画の定着にともなって計画策定過程への「市民参加」が見られるようになり、1990年代以降はボランティアやNPOの活発化により、実施過程を含めた「協働型」と「パートナーシップ型」の市民参加が注目された。2000年以降は自治体経営（NPM）のもとコールセンターやCRM（Customer Relationship Management）などICTを活用した多様な広聴活動が展開されている。

②自治体経営の導入

　行政機関における経営の考え方は、1990年代にNPM型の行政評価制度が一部の自治体に導入されたことがはじまりである。その後、2001年に総務省が国や自治体へのNPM導入に関する審議を行う「新たな行政マネジメント研究会」（国対象）および「地方行政NPM導入研究会」（自治体対象）をそれぞれスタートさせた。2002年には「行政機関が行う政策の評価に関する法律」により行政評価の枠組みが制度化され、「地方公共団体の行財政改革の推進等行政体制の整備についての意見」（2004年地方分権改革推進会議）においては、NPMは「住民を行政サービスの顧客としてとらえ、行政部門への民間的経営手法の導入を図る」考え方として紹介された。

　こうした潮流のなかで、NPMが多くの自治体に導入され、政策・施策・事務事業から得られる成果を的確に評価し、効率よく業績をあげ、かつ説明責任を果たすことが求められるようになった。"管理から経営へ"という行政のあり方の転換と"住民から顧客へ"という住民のとらえ方の転換が起こり、自治体が1つの経営体として経営責任を持ち、業務の効率化と住民満足の向上を目的とする「自治体経営」の考え方が浸透したのである。そこでは、企業経営における顧客価値と同様に、住民価値という視点が重視されるようになった。

(2) 自治体経営における広報広聴

①自治体経営に求められる価値

　一般的に広報広聴の目的は、情報循環による信頼関係の構築といわれる。しかし、情報過多の時代においては"価値のある情報"を地域に循環させてはじめて信頼関係の構築が可能となる。ここでいう価値

ある情報とは何であろうか。広報プロセスから創出される価値ある情報とは、生活情報やイベント情報に代表される住民生活に不可欠な行政サービスに関連した情報や自らが政策や制度の策定主体となるために必要な情報である。他方、広聴プロセスから創出される価値ある情報とは、住民の意見・要望をはじめとするさまざまなデータから導き出された住民の真のニーズを反映した地域課題解決に有用な情報である。ここでは、前者を「住民価値をもつ情報」、後者を「政策価値をもつ情報」と呼ぶことにする。つまり、自治体広報広聴は、「住民価値と政策価値を創出し、それを地域に循環させることにより、信頼関係を戦略的かつ継続的に構築・維持することを目的とする活動」と定義できる。

　地域における価値の循環は、地域住民の生活の質を向上させるものであり、より良い地域社会の実現に結びつくものである。価値の創出と循環の仕組みである広報広聴は自治体経営の中枢に位置づけられるものであり、その成否は自治体経営そのものに大きな影響を与えることになる。

②自治体広報広聴の枠組み

　このような経営の中枢にある広報広聴の実践には必然的に一定の理念が求められる。広報広聴の理念は1950年代から議論されてきた論点であり、①真実性、②双方向性、③網羅性、④並行性、に整理できる。「真実性」とは、自治体が発信する情報が真実であると同時に、住民から真実の反応（意見、要望、苦情、問合せ等）を得なければならないことを要求する理念であり、自治体経営の透明性確保のために最も重視される理念である。情報社会においては自治体からの適時迅速な情報発信が期待され、その発信のタイミングがこれまで以上に情報の真実性に影響を与えるようになっている。次に、情報循環に関する

「双方向性」である。これは、「交流性」や「相互過程（two way process)」ともいわれ、広報と広聴の双方向かつ一体としての実践を要求するものである。「網羅性」は、障害者や高齢者、外国人を含む多様なニーズをもつすべての住民を対象とした情報発信と意見集約の実践を要求するものである。広報媒体の多言語化やアクセシビリティなどはこの理念に関わる論点である。最後の「並行性」は、地域住民一人ひとりの状況や立場を常に考慮しながら情報保有者の論理に陥ることなく、住民と同じ目線による傾聴、共有、理解、共感を要求するものである。これは広報広聴を実践する上での自治体の「姿勢」でもある。これら広報広聴が創出する価値と実践上の理念を整理したものが自治体広報広聴の枠組み（図8-1）である。

　なお、議会は住民に対して直接的な行政サービスを提供するものではないが、広報広聴活動を通じて価値ある情報を創り、地域に循環させるという役割では行政と同様である。図8-1は、抽象的な理念に基づく古典的な枠組みではあるが、自治体広報広聴の基本となる考え方でもある。

図8-1　自治体広報広聴の枠組み

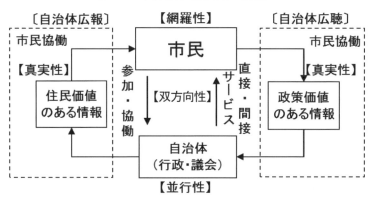

出所：筆者作成

(3) 市民協働と自治体広報広聴

　より良い地域社会を実現するためには循環する価値を高める必要がある。この価値を高めるための方法の１つが市民協働である。市民協働とは、「行政が行う税金による公共サービスと市民による経験、知識・知恵、行動力によって公共サービスを車の両輪のごとく回していくもの」と定義される。

　個々の住民や住民組織、NPO、民間企業などが公共の担い手として知恵や経験を活かすということであり、自治体と住民とのコミュニケーションによる価値の創出ともいえる。広報広聴における市民協働の意義がここにある。なお、この市民協働の定義のなかには議会が公共主体として含まれていないが、議会と住民の協働も当然実践されるべきものである。

① 広報広聴における市民協働

　図8-1で示したように、市民協働は広報広聴の両プロセスにおいて可能である。行政の広報プロセスでは、市民記者、市民編集者、市民カメラマンなど、住民が必要とする価値を創り、発信する実践的な協働が行われている。また、広聴プロセスでは、協議会やワークショップをはじめ、パブリックコメント、住民モニター、世論調査などが広く行われている。住民から意見や要望が集められなければ、自治体は真のニーズを見出し、政策価値を創出することができない。その意味では、広聴は常に市民との協働の活動なのである。

　さらに、自治体がオープンデータとして公開したさまざまな情報を活用するNPOや民間企業による公共主体としての活動も市民協働のひとつの形態である。逆に、住民やNPOが創った価値を自治体が積極的に地域に発信することも協働といえる。

他方、議会においても議会モニター、議会サポーター、議会報告会など議会独自の市民協働がはじまっている。住民とのコミュニケーションを活性化させる議会もふえ、一部の議会では議会モニターとの協働による条例づくりもみられる。昨今の自治体議会の改革は、住民とのコミュニケーションの活性化による信頼関係の再構築への取組に特徴があり、その意味では"広報広聴改革"でもあり、"市民協働による改革"でもある。

②広報広聴戦略の必要性

市民協働は多様性・多元的に展開されるものであり、住民一人ひとりが公共主体となって活動することも市民協働である。必ずしも行政や議会と共に行動することが協働の要件ではないが、行政、議会、住民が行動を共にすることによって、個々の活動成果以上に高い価値を創出できる可能性がある。

この市民協働による価値創出は、長い時間と行政・議会・住民それぞれの意識改革や創意工夫を要するものである。そのため長期にわたる協働の展開を可能にする「戦略」が必要となる。戦略とは一般的に「企業や事業の将来のあるべき姿と、そこに至るまでの変革のシナリオ」と定義されるように、目標に至るまでの設計図である。広報広聴の戦略においては、価値が最大化した地域の姿を目標にして、市民協働の位置づけとともに、媒体の役割、活用方法などを示す設計図である。

フリーペーパーや地域ポータルサイト、NPO等のウェブサイトやSNSが地域メディアとして大きな影響力をもちはじめているなかで、自治体は、このような地域の公共主体が十分な活動をできるような制度や仕組みを用意するとともに、地域の公共主体と共に行動する可能性を常に模索することが重要である。個々の活動を尊重しつつ、地域の限られた資源を結集することにより、より大きな価値を地域に実現

していくことを目指すのである。

　また、議会においては2000年代半ば以降の議会改革において数多くの議会基本条例が策定された。広報広聴を正式な議会活動の１つとして規定した条例も多く、住民とのコミュニケーションが活性化した議会も少なくない。しかし、議会が発信する価値をさらに高めるためには、地域の多様な公共主体との協働を模索することが不可欠である。

(4) SNSの活用が広報広聴に及ぼす影響と今後の自治体広報広聴の展望

　本稿では、地域における価値の創出と循環による信頼構築が自治体広報広聴の本質であることを述べてきた。ここでは、自治体によるSNSの活用が広報広聴に及ぼす影響と今後の自治体広報広聴の展望について述べる。

　ICTの発達と情報端末の普及により、双方向かつリアルタイム性をもつSNSの活用と効果についての議論が広がっている。自治体は、SNSを住民への情報発信、住民との対話、さらには地域外の人への情報発信の手法として活用している。SNSの活用は、これまでの広報広聴に対して次の２つの影響を与えている。１つは、SNSを通じた住民間の推奨（クチコミ）に見られるように、自治体と住民との間に流れる情報と価値の循環スピードを劇的にアップさせたということである。広報紙はもとより、ウェブサイトと比較しても、その情報の伝播速度は非常に速い。もう１つは、SNSによって、公共主体として地域で活動している住民の存在や彼らの考えや真意を共有できるようになったことである。共有から共感が生まれ、共感は住民一人ひとりの公共主体としての行動を生み出す可能性をもつ。

　現在、自治体によるSNSの活用は情報発信が中心であるが、自治体はこれまで以上にSNSの活用による住民、NPO、民間企業との協

働を実現して情報・価値を創出することを目指すべきである。また、地域住民に情報発信や市民協働を促すような仕組み・仕掛けを自治体が設定することも重要であろう。情報と価値を迅速に循環させるSNSは、図8-1に示した自治体広報広聴の枠組み自体に質的変換を起こす可能性をもつメディアなのである。

　最後に、今後の自治体広報広聴の展望について述べる。市民協働はそのプロセスで創出される価値を高め、その循環を促進するものである。行政と議会それぞれが公共主体として市民協働を実践することによって、行政と議会を起点としたさまざまな情報や価値が地域のなかを重層的に循環することになる。これは、地域の住民が複数の情報源と多様な価値観から導出された課題解決や政策判断のための情報を持ち得ることを意味する。行政と議会という二元代表がそれぞれの価値をめぐり議論する。この議論こそが地域の価値をさらなる高みに向かわせるのである。自治体広報広聴は二元代表制を正しく機能させる可能性を持つものである。

3 自治体広報戦略を考える

株式会社タンシキ代表取締役　秋山　和久

(1) 協働の促進が自治体経営／広報の課題

　自治体を取り巻く社会形成の主体は変化している。NPO法人の認証・認定法人数が右肩上がり。ソーシャルビジネスの事業者も増え、以前にも増して多様になっている。

　企業の社会的責任に対する意識も変わりつつある。フィリップ・コトラーが述べた、製品の機能や顧客ニーズを超えて、世界をより良いものにする「価値主導のマーケティング」や、マイケル・ポーターが述べた、社会的な課題と企業の競争力向上を両立させる共通価値創造「CSV」といった概念は近年、とくに大手企業に浸透してきている。投資家の側も、「ESG」（Environment, Social, Governance の頭文字をとったもの）と言われる評価指標で、長期的な観点で地球・社会の発展と自社の発展とが両立し得るのかを投資判断するようになっている。

　人口減少の影響もあり、自治体は、これまで以上に政策の取捨選択が求められる。行政サービスの絞り込みも顕在化している。自治体を取り巻く環境変化を踏まえ、多くの自治体は長期構想や総合計画で多様な主体との協働の強化を掲げる。自治体広報も、ソーシャルメディアの拡がりを含む情報環境の変化に伴い、対面でのコミュニケーションに限定されていた時代の広報戦略に対する考え方や組織設計の見直しが求められるはずである。

(2) 民間企業の広報戦略

　自治体広報の戦略のあり方を考えるうえで、対照として民間企業の広報戦略の策定プロセスに触れておきたい。

　民間企業の場合、経営・事業課題と紐付けて社内・社外を問わず主たるターゲットは誰か、そのターゲットから獲得したい認知・イメージ・評価は何かを明確化し、それをいつまでに達成するのかを目標設定して広報戦略とする。目標設定の前提として、外部、内部の環境分析をしたり、定量・定性調査を実施したりする。

　外部・内部環境分析は、一般的に世の中の大きな流れをとらえるマクロ環境分析と、業界内や自社を含めたミクロ環境分析に分かれる。

　マクロ環境については、世のなかでどのようなトレンドがあるのか、あるいは潜在的に話題になりやすいものが何かを考えるため、政治・経済・社会・技術動向を分析する「PEST分析」(Politics, Economics, Society, Technology の頭文字をとったもの) のフレームワークを活用することも多い。

　ミクロ環境分析で一般的なのは「3C」分析である。「Customer（顧客／市場）」「Competitor（競合）」「Company（自社）」の3つの頭文字の「C」をとったものである。

　ここでは、それぞれを広報領域に絞ってどのような作業をするか例示する。市場分析は、業界でホットな話題は何か、顧客のニーズは何かを媒体研究やデスク調査で情報を集めていく。競合分析は、競合の露出状況やウェブサイトでの情報発信内容などを確認していく。自社分析は、技術・人材を含めた経営資源を広報素材として発信・共有できているのか、そもそも経営資源を洗い出すことができ、それを広報素材に置き換えることができているのか、個々の広報活動やツールではどのような情報を出せている・出せていないのかをみていく。

第8章　自治体広報を分析する視座

　分析を踏まえて、ターゲットに対して、自社の強みや特徴を、いつまでに、どれぐらい認知・評価してもらうのかというゴールを設定することで、広報戦略ができあがる。ゴールの達成に向けて必要な活動とツールの開発の計画、これに必要な予算や人材（知識・技能を含む）、業務、外部パートナー等のリソースを抽出し、実施時期を整理して広報計画（アクションプラン）となる。

　実践の過程では、個々の活動の成果をモニタリングし、人材、業務フロー、外部パートナーの高度化・標準化に取り組んでいく。

　広報に力を入れている民間企業では、広報活動は以上のように行われる。ここで特に意識すべきは、経営・事業戦略との紐付けがない広報戦略はほぼ存在しないということである。

(3) 自治体の広報戦略の実態

①公共コミュニケーション学会での研究活動

　自治体の場合は、どのような広報戦略を策定しているのか。官公庁・自治体、大学、病院、社会福祉協議会等の広報・コミュニケーションに関する学術研究・交流活動を行う「公共コミュニケーション学会」では、2015年3月から「広報戦略プラン等と人材育成」研究会（主査は筆者）を設置している。

　同研究会では、2015年3月から7月にかけて、都道府県および指定都市の広報戦略、シティプロモーション戦略、ブランド戦略等と、各都道府県および指定都市の「総合計画」とをそれぞれすべて確認した。

　具体的な調査方法は、以下の通りである。検索サイト「Google」を利用し、各都道府県および指定都市の名称と「広報戦略」「広報計画」「シティプロモーション戦略」「シティプロモーション計画」「ブランド戦略」等、いくつかの関連キーワードを検索した。

都道府県や指定都市のウェブサイトは、「ドメイン」のパワーが強く、検索結果で上位に表示されやすいことから、各検索結果の上位5ページ分を確認した。見当たらない場合は、各ウェブサイトから、サイト内検索で関連キーワードを検索したり、政策や各種計画が掲載されているページや広報課等の関連部署のページを確認したりした。

　都道府県・指定都市のうち、広報戦略、ブランド戦略、シティプロモーション戦略等に関連するものの掲載が確認できたのは、調査当時47都道府県中15、20指定都市のうち8だった。

　こうして確認できた広報戦略等に関して、企業で言う経営ビジョンや経営・事業戦略に該当する①「長期構想」「総合計画」との連関性、②広報戦略そのものの内容、の2点について分析した。その結果、自治体固有の状況を考慮せずに民間企業と比較した場合、自治体の広報戦略には不十分な点が散見された。

---

②民間と比較した都道府県・指定都市の広報戦略等の課題

・長期構想／総合計画と広報戦略に連関性がない

　ほとんどの都道府県および指定都市の広報戦略では、総合計画との連関性は確認できなかった。

　たとえば、愛知県の長期構想・長期戦略といえる「あいちビジョン2020」では12の重要政策課題が掲げられている。リニア中央新幹線の開業をにらんだ中央大都市圏構想、グローバル展開、産業革新・創造などである。リニアを核に産業革新を実現するとともに、南海トラフなど災害リスクに対する強い意識が感じられる内容である。

　一方で、愛知県の広報広聴戦略プラン（2013年度改訂版）では、行動目標として、「ⅰ　県民とのパートナーシップを強固なものに」「ⅱ　魅力の発信で好感度アップ」の2点が挙げられている。目標達成のための行動方針は9項目が掲げられているが、総合計画に即して構成さ

れているとは言いにくい。他県・指定都市の広報戦略でも、同じような傾向がみられる。

・全庁的視野が欠けており全体最適も不十分

　総合計画との連関が弱いためか、多くの広報戦略等には、全庁的視野が欠如している傾向がある。総合計画に基づいて全庁的に何を優先的に訴求するのかといった観点はなく、広報広聴課が何をするのかという枠に収まっているものが多い。

　このため、広報広聴課として、他の部局の広報活動をどう支援するか、共通業務化するなどして全体のコストをいかに削減していくかといった全体最適の発想も少ない。他部局支援も職員向けの広報研修にとどまり、その内容もテクニカルなものに偏る傾向にある。部局の広報担当者からすれば、実践的なものほど、専門部署である広報広聴課に実務協力をしてほしいはずだが、テクニカルな内容の研修を受けると自分でやらなければいけない仕事が増えてしまい、かなりの量の重複業務が生まれているのではないか。

・目標設定があいまい

　多くの広報戦略等は目標設定が非常にあいまいであり、目的と手段の整理もできていない。たとえば、プレスリリースを100件出すという目標は、アウトプット量を測定できても、具体的にどのような認知／イメージの向上につながったのかを検証できるものではない。

　定性的な目標設定とする場合も、達成基準が具体的でないものが多い。広報の目標設定は確かに難しいが、できれば、業務改善のための目標設定なのか、報告・監査のための目標設定なのか、考え方の整理をしたい。

・広報業務そのもののマネジメントの着眼点が弱い

　全庁的視野・「グループ」での全体最適化の考え方が取り込まれておらず、目標設定もあいまいなために、広報業務のマネジメントに対す

る言及が薄い点も特徴である。多くの自治体の広報戦略等では「PDCAをまわす」と書いてあるが、具体的にどうプランニングし、モニタリングするのかが不明確であり、客観的には広報業務の質向上をどのように進めて行こうとしているのかが分からない。この点は、後述する三重県のアクションプランが非常によくできていて参考になる。

・庁内広報に対するアプローチがほとんどない

　最後に、民間企業で言う「社内広報」にあたる、「庁内広報」に言及している広報戦略がほとんど存在しない。

　自治体職員へのヒアリングでは、「今、どの部署でどんな仕事をしているのか分からない」「過去の経験を含めて、誰が何に詳しいのかは共有化されていない」という声が頻繁に聞かれる。すなわち、なんらかの庁内広報の必要性は存在しているが、ほぼ手つかずの状態と考えられる。

③マネジメントの設計に秀でた三重県のアクションプラン

　もちろん、すべての都道府県・指定都市の広報戦略等が不十分なわけではなく、それぞれに優れた点が確実に存在する。たとえば、栃木県の「広聴広報活動基本方針」では、広報活動の「体系」が示されており、こうした整理は業務標準化や目標設定の土台となる。

　また、長崎県の広報戦略では、「戦略5　情報をデータベース化し、一元管理します」のなかで「3. 広報課職員の部局担当制」が掲げられており、他の部局に対する具体的支援の構想が形になっている。

　そして、既述のとおり、三重県の「広聴広報アクションプラン」は秀逸である。

　キャプランらが提唱した経営・業績管理手法バランスト・スコアカードの考え方を活かしながら、「県民」「業務プロセス」「人材と変革」の3つの視点を設定し、これをクリエイティブ戦略とする。

このクリエイティブ戦略では、6つの戦略テーマに落として、品質管理プロセスの確立や広聴広報課が部局の「ハブ」となる体制・仕組みの構築など、県の広報活動全体の総合調整機能とマネジメントの考え方が設計されている。

戦略のもう1つの柱はメディア戦略で、こちらはアーンド・オウンド・ペイドのトリプルメディアの考え方で整理されている。

県の「みえ県民力ビジョン」の「県民力による『協創』の三重づくり」に向け、県民が県政に積極的に参画することを「県が期待する県民行動」と設定し、県民との接点の拡充を広聴広報の基本的な考え方としている点にも戦略性が感じられる。あとはプランを確実に形にしながら、プランの精度をさらに上げていくだけだろう。

④自治体広報では「政策広報」が手つかず？

もちろん、民間企業の考え方をすべて適用すればよいというものではなく、自治体固有の状況に置き換えなければいけない。ポイントになるのは、自治体広報の「類型」である。

一般的に、自治体の広報広聴課が担う広報活動の主要業務は、広報紙の発行やウェブサイトの管理等であり「一般広報」と言われる。昨今はソーシャルメディアも活用しているが、この使い方を「若年層に確実に情報を届けるため」とする自治体も多い。

これは、いかに漏れなく情報を届けるかというお知らせ広報の発想であり、この戦略性に名称をつけるとするならば「多媒体活用戦略」となる。こうした発想は、民間企業ではあまり見られないものである。

また、自治体広報では、交通安全課、環境課、観光課、産業振興などの各部局が実施する広報活動がある。これは「個別広報」などと言われ、イベントの集客・運営やチラシの作成などが部局ごとに行われている。ここでは、各部局の目標達成に向け、対象となる人の、何ら

かの認知を向上し、行動変容に結び付けることが必要である。

　一方で、各部局による個別広報は、必ずしも予算が潤沢ではない。たとえば産業振興では、企業等への助成金が主であり、広報が主になることはない。必要最低限の予算で広報活動を実施しなければならないため、「いかに対象とする人の認知強化・行動変容を効率的に行うか」が重要だ。本領域は、民間企業でいうマーケティングPRに近い。

　以上、一般広報と個別広報の2つの戦略性を確認したが、いずれも、自治体の総合計画で掲げられた目標を達成するにはやや足りない。本来的には、広報広聴課（一般広報）と各部局（個別広報）が連携しあって、部局をまたいだ政策を確実に遂行するための「政策広報」も実践されなければならない。

　しかし、専任部署であるはずの広報広聴課は、一般広報の枠組みに縛られがちである。各部局の個別広報は部局単位の施策の遂行が主にならざるをえないため、部局をまたいだ政策広報には関与しえない。したがって、自治体の広報戦略等の研究から、「政策広報」が手つかずの状態になっている可能性が高いといえよう。

(4) ソーシャルネットワーク時代の協働と政策広報

①政策広報は"ファシリテーション"と"事業開発"

　人口減少トレンドが続く日本では、どの自治体でも、自治体経営と財政の健全化とを一体的に考えていかざるをえない。現実問題として、自治体が地域にかかわる活動のすべてを管理・統括することはできない。

　あらゆる自治体は、これまで以上に、地域の課題に沿って政策・施策の優先順位づけをしていく必要がある。これは、自治体としてやること・やらないことの明確化であり、時として住民サービスの劣化も避けられない。自治体が付けた優先順位の意味や背景を、住民を含め

た利害関係者に理解してもらい、自治体の代わりに利害関係者に主体的に動いてもらうことが求められる。これが協働である

したがって、一般広報や個別広報のような「情報の効率的な移動」ではなく、協働に向けた広聴・参画の設計と推進が不可欠になる。多くの自治体が、総合計画で多様な主体との協働、産業創造に向けた協創を挙げているように、この推進こそが「政策広報」の取組の１つと言えよう。

地域が持つ課題を提起し、広聴を進めながら参画を促すこと、政策や施策の意味の理解を獲得し、多様な主体との合意形成をしていくことは「ファシリテーション」である。政策が個々の施策に落ちた実践フェーズでは、形成された合意を裏切らないように、住民等へのサービスの施策の場合はその利用を促進するなど個々の施策を結びつけた「政策」の進捗の説明責任を果たす必要がある。

これは目新しいものではない。各部局から施策を吸い上げて、企画部門が中心になって政策的観点で取りまとめた長期構想・総合計画は、民間企業で言えば経営計画であり、かつ、住民など自治体の貢献対象に対する約束（≒ブランド）でもあるはずである。

政策はこの約束を果たす事業であり、政策広報は事業を社内外の利害関係者も巻き込みながら確実に形にしていく業務が内包されるべきではないか。つまり、事業開発やプロデュース業務に相当し、かつ、約束を形にする意味では「企業ブランディング」に近いものとも考えられる。

いずれにしても、長期構想・総合計画を基に、政策・施策の遂行力を確実に上げていくことが、自治体広報で手つかずになっていたと考えられる政策広報の役割といえるだろう。

やや脱線するが、企業ブランディングの考え方が適用されている戦略では、長野県の「信州ブランド戦略」がたいへん優れている。この

ブランド戦略は、総合計画を具現化するものとして位置づけられており、総合計画からブランド戦略の行動計画までの一連の論理がきわめてよく構築されている。

長野県では、「信州らしさ」を、「健康長寿」「勤勉で教育熱心な県民性」「自然の美しさ・環境との共生」の3つから構成されるものとし、ブランド・コンセプトを対外向けに「しあわせ信州」と表現している。

信州というイメージと、個々のブランドの品質を基に、ブランド力を底上げしていく戦略と行動計画を整理。行動計画は、「品質向上・開発支援〜つくる〜」「戦略的なマーケティングの展開〜届ける〜」「発信力の強化〜伝える〜」の3つで構成している。三重県のアクションプランと同様、その内容は教材にできるので、参照されたい。

②ソーシャル時代に自治体が協働と広報を推進する組織

既述の通り、自治体の広報戦略等を分析した結果、「庁内広報」が手つかずと想定された。民間企業の「社内広報」の場合は、社員の定着率向上や、組織の共通の目標や方針、価値観の浸透、共通認識の形成による生産性向上等を目指す例が多い。

一方、自治体の場合は、一般的に自治体職員は組織に対するコミットメントがもともと強く、異なる観点が必要だ。むしろ、組織の縦割り意識が強く、政策的課題へのアプローチでは部局連携を促進する視点が不可欠な状況にある。すなわち庁内広報では、部局横断の変革推進チームの設計や、選抜メンバーを起点に各部局に取組を広げていくためのディスカッションリーダー養成などが求められる。

このように考えると、政策広報は、「企画部」、「人事部」、「広報部」の統合的機能に近い。統合的機能というと、組織設計上、統括部署の下に企画部、人事部、広報部を置く設計を考えがちだが、経験則では、官民問わず統括部署は、強制力を持たせようとしてしまい、現場の協

力が得られず成果が出ない。

　このため、考え方としては、長崎県の戦略でみられた広報課職員の部局担当制や、三重県のアクションプランであったハブ機能、あるいは都道府県・指定都市から離れるが、各部局の広報活動を支援する足立区のシティプロモーション課のような組織が良いだろう。

　企画部と協力しながら政策単位の枠組みで進捗をモニタリングし、各部局と協力しながら合意形成が必要な利害関係者の洗い出しとそのプロセスの設計をし、人事部と連携しながら推進チームを部局横断で形成する。利害関係者との合意形成や協働を進めるには、当然、広報や広聴が必要になるため、広聴広報課や各部局広報との密な連携も不可欠だ。

　とてつもないスーパージェネラリストが必要ととらえるかもしれないが、基本的には事業開発とファシリテーションの設計が主業務となる。自治体でも数年前から事業企画をワールドカフェやフューチャーサーチ（フューチャーセッション）で実施する例があるが、こうした背景やニーズとも合致し、イメージを持ちやすいのではないか。

　繰り返しになるが、多くの自治体では長期構想・総合計画で、政策を現実のものとするために、自治体以外との協働や協創へのシフトを掲げている。何か新しいことをするのではなく、長期構想・総合計画を確実に形にしていくことが、ソーシャルネットワーク時代に求められる協働促進と広報戦略の一体化であり、自治体にとっての「企業ブランディング」である。

おわりに

　自治体行政は地域経営の代理人である。主権者である市民の「幸せになりたい」「すてきなまちをつくりたい」という思いを代理し、人々の持続的な幸せを支えるまちを築く存在が、自治体行政である。

　地域経営の代理人は行政だけではない。地域に関わる企業やミッションをもとに活動するNPOも、市民の負託・委任・評価を受けて、よりよい地域をつくるための代理人として働くことが求められる。

　そして市民もまた、ただ代理してもらうだけではなく、自ら、よりよいまちをつくる活動を行う。

　こうした構造を実現するために自治体広報がある。

　行政は自らを市民に可視化し、市民の思いを適切に実現しようとする自らの姿を明らかにする。

　行政は地域経営を担う代理人として、企業やNPOの積極的な活動や、市民の経営への参画を促すことが求められる。そうした行動変容を実現するメディア活用も自治体広報である。

　自治体広報は「伝える」ことにはとどまらない。自治体広報は関係をつくり、行動を促すためにある。

　本書は、自治体広報を一方的な情報発信としてとらえず、共感・協働を基礎とする情報連携に基づくものとして考えてきた。

　ソーシャルネットワーク、社会関係のなかに自治体広報という活動を置いたときに、どのような姿が見えてくるか、どのような広報活動が求められるのか。

　地域の広報現場にいる人々がどのような思いで広報業務を担っているか、本書を置き、現場に戻るときに改めて心に留めておいていただけるなら幸いである。

2016年11月

河井　孝仁

●執筆者紹介（登場順）

河井　孝仁（東海大学教授）

　博士(情報科学)。専門は行政広報論・地域情報論。著書に『シティプロモーション　地域を創るしごと』(東京法例出版)。公共コミュニケーション学会会長理事、日本広報協会広報アドバイザーなどを務める。

印出井　一美（千代田区環境まちづくり総務課長）

　2005年総務省「ICT住民参画実証実験」に参加。以降、観光協会事務局長、IT推進課長、広報広聴課長など様々な立場で継続して自治体ソーシャルメディア運用に関わる。公共コミュニケーション学会理事。

松島　隆一（千葉市広報広聴課長）

　1986年入庁。情報政策部門を中心に情報公開・個人情報保護、子ども施策部門などを経て、2012年からの情報企画課長の時に千葉市のオープンデータ施策やちばレポの立上げに関与。2014年から現職。

原田　博子（NPO法人はままつ子育てネットワークぴっぴ理事長）

　一般社団法人地域ファシリテート・ネットワーク代表・理事。浜松市"やらまいか"総合戦略推進会議委員等。キャリアカウンセラー。2008年度静岡県男女共同参画社会づくり活動に関する知事褒賞受賞。

荒尾　順子（株式会社アスコエパートナーズ）

　子育て支援行政サービスガイド「子育てタウン」編集長。全国の自治体と協働で子育て公式ポータル及びアプリを運営し、利用者目線で情

● 執筆者紹介

報を発信。内閣官房「子育てワンストップ検討タスクフォース」主査を務める。

植田　奈保子（株式会社サンケイリビング社 取締役）

1981年サンケイリビング新聞社入社。編集、営業、マーケティングなどを経験して、2006年同社初の女性取締役に就任、現職。リビングくらしHOW研究所所長を兼務。OLやミセスの消費観について講演や寄稿も多数。

大垣　弥生（奈良県生駒市いこまの魅力創造課係長）

2008年、民間企業から転職し、7年半広報を担当。広報紙作成とメディア対応、2013年からはシティプロモーションが主要業務に。2016年から新設課で、まちの魅力創造に取り組む。

河尻　和佳子（流山市マーケティング課メディアプロモーション広報官）

自治体マーケティングに取り組みたいと、民間会社から転職。流山市の知名度とイメージ向上のためのプロモーション担当。「母になるなら、流山市。」首都圏広告や年間13万人を動員する森のマルシェイベント企画などを手がける。

藤平　昌寿（帝京大学地域活性化研究センター）

音楽・ICT・コミュニティ・教育などの各分野にて、コミュニケーションを軸とした研究・活動を行う。ふじぽん総研代表、特定非営利活動法人e-とちぎ代表理事などを務める。公共コミュニケーション学会会員。

浅賀　亜紀子（栃木県那須塩原市職員）

　２児の母として、３年間の育児休業を取得後、市役所内で初めて部分休業制度を利用。シティプロモーション部署創設時から担当しており、地域ブランドの立ち上げやWEB戦略を行っている。

髙橋　輝子（千葉県総合企画部報道広報課主幹（兼）千葉の魅力発信戦略室長）

　東京大学大学院学際情報学府修士課程修了。千葉県庁入庁後、企画政策課、報道監（広報企画・インターネット担当）、知事室、経済政策課等を歴任し、2014年４月より現職。公共コミュニケーション学会理事。

鶴田　健介（宮崎県小林市役所総合政策部地方創生課）

　担当している市のプロモーション事業「てなんど小林プロジェクト」は、全国広報コンクール（平成28年）で読売新聞社賞を受賞。PRムービー「ンダモシタン小林」は第69回広告電通賞、第53回ギャラクシー賞など受賞多数。

齋藤　久光（千葉県四街道市役所職員）

　シティセールス推進課所属。市民協働、市民活動支援、地域づくり担当。みんなで地域づくりセンター運営、みんなで地域づくり事業提案制度運用、ドラマチック四街道プロジェクトに携わる。

金澤　剛史（埼玉県久喜市役所職員）

　民間会社を経て、2001年10月久喜市役所入庁。2014年４月、同年発足のシティプロモーション課に配属となる。「住民が自慢できるまち」を目指し、地域住民を巻き込んだPRビデオの作製等を担当。

●執筆者紹介

藤井博之（一般社団法人 オープンコーポレイツジャパン 常務理事）

　コンサルティング会社を経て、クラウドやエネルギー等5社のベンチャー企業を設立。国のIT政策に関わった後、オープンデータ普及に関わる一般社団法人オープンコーポレイツジャパンを立ち上げ、常務理事に就任。

吉本　明平（一般財団法人 全国地域情報化推進協会 企画部担当部長）

　地域情報プラットフォーム標準仕様の策定や地域情報化施策企画立案を担当。著書に『新社会基盤マイナンバーの全貌』（日経BP）など。元社会保障・税に関わる番号制度情報連携基盤技術WG構成員。

日吉　由香（福岡県福智町総務課 広報・広聴係）

　2003年に入庁し、現在まで通算6年半広報担当。広報紙やウェブでの広報活動、メディア対応などを行う。2015年からは、町の魅力を発信するボランティア団体「福智好いとん隊」の役員も務める。

佐久間　智之（埼玉県三芳町職員）

　2002年三芳町役場入庁。2011年4月から現職の広報担当に。2015年全国広報コンクールで内閣総理大臣賞を受賞。NHK首都圏ニュース、日テレNEWS ZERO、ラジオ深夜便などのメディア出演のほか講師・講演多数。

藤本　勝也（公益社団法人 日本広報協会 調査・企画部次長）

　政府広報誌の編集デスクを経て、現在は広報関係の調査・研究、コ

ンサルティングなどを担当。ほかに、各種セミナー、全国広報コンクールなど、自治体広報担当者向けの研修・表彰事業の企画・運営も担当。

野口　将輝（北海道大学）

　日本学術振興会特別研究員(DC2)、北海道大学大学院 国際広報メディア・観光学院 博士後期課程在籍。専門は行政広報、広報評価、インターナル・コミュニケーション。

金井　茂樹（行政広報アドバイザー）

　博士(公共政策学)。専門は自治体広報広聴論(議会広報、市民の声分析など)。公共コミュニケーション学会理事、自治体広報広聴研究所代表。

秋山　和久（株式会社タンシキ代表取締役）

　自治体、企業、教育・研究機関の広報コンサルティングを行う。公共コミュニケーション学会役員(監事)、同学会「広報戦略プラン等と人材育成」研究会主査、日本広報学会会員など。

ソーシャルネットワーク時代の自治体広報

平成28年12月22日　第1刷発行

編　著　河井　孝仁
発　行　株式会社ぎょうせい

〒136-8575　東京都江東区新木場1-18-11
電話　編集　03-6892-6508
　　　営業　03-6892-6666
フリーコール　0120-953-431
URL:http://gyosei.jp

〈検印省略〉

印刷／ぎょうせいデジタル㈱　©2016　Printed in Japan.　禁無断転載・複製
※乱丁・落丁本はお取り替えいたします。
ISBN978-4-324-10189-6
(5108257-00-000)
〔略号：自治体広報〕

新しい地域づくりをめざす、すべてのPublic Workerのために

月刊ガバナンス
Governance

先進政策からユニークな情報まで自治体の「いま」がわかる実務情報誌

5つのお勧めポイント

① 喫緊の政策課題をタイムリーに特集
行政改革や災害対策、社会保障、まちづくりなど、自治体の重要テーマを取り上げます。

② 公務員の仕事力を高める！スキルアップ特集＆連載
クレーム対応やファシリテーションなど、実務に役立つ仕事術をわかりやすく紹介します。

③ 自治体の最新情報が満載の「DATA BANK 2016」
記事数は毎月、約70本！自治体の先進施策がコンパクトに読めます。

④ 現場を徹底取材！読みごたえあるリポート記事
先進的な政策や議会改革リポートなど、自治の最前線をリポートします。

⑤ 連載記事も充実のラインナップ！
「市民の常識VS役所のジョウシキ」
「新・地方自治のミ・ラ・イ」など、
人気連載がたくさんあります。

ぎょうせい／編集　A4変型判
単号価格1,080円（8％税込）送料102円
年間購読料〈1年〉12,312円　〈2年〉22,032円　〈3年〉29,160円　※8％税・送料込

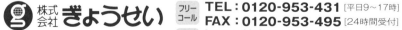

株式会社 ぎょうせい

フリーコール　TEL：0120-953-431 [平日9〜17時]
　　　　　　　FAX：0120-953-495 [24時間受付]
Web　http://shop.gyosei.jp [オンライン販売]

〒136-8575　東京都江東区新木場1丁目18-11